Dieter Baumann

Ich laufe keinem hinterher

Mit Josef-Otto Freudenreich

Kiepenheuer & Witsch

1. Auflage 1995

Umschlaggestaltung Silke Niehaus, Düsseldorf
Umschlagfoto © Pressefoto Baumann, Ludwigsburg
Satz Jung Satzcentrum GmbH, Lahnau
Druck- und Bindearbeiten Clausen & Bosse, Leck
ISBN 3-462-02455-8

Inhalt

VORWORT

Am Anfang stand die gemeinsame Abneigung. Gegen alles, was nach Lobhudelei, Jubel und Verherrlichung roch. Wenn schon ein Buch, dann bitte die ungeschminkte Wahrheit und kein Titel nach dem Motto: Mein unaufhaltsamer Weg nach oben. Auf dieser Basis konnten Sportler und Journalist – beide Schwaben und der Übertreibung abhold – zusammenarbeiten und sich an ein Projekt wagen, an dessen Ende ein ehrliches Portrait stehen sollte. Keine Mystifizierung des populärsten deutschen Leichtathleten, der er dann nicht standhalten kann. Aber auch keine Generalabrechnung mit diesem und jenem, um der kurzzeitigen Aufregung und Aufmerksamkeit willen. Zu Wort kommen sollte der Mensch hinter dem Star, der über viele Jahre so ziemlich alle Seiten des sportlichen Showbusiness miterlebt und dazu seine ganz persönliche, kritische Position entwickelt hat. Dieter Baumann kennt die Momente der Euphorie genauso wie jene der Depression, er kennt die Fallensteller, die Abzocker, die Trittbrettfahrer, aber auch die treuen Wegbegleiter, die ihm immer aufgeholfen haben, wenn er wieder mal am Boden lag. Ein (Selbst)portrait des Olympiasiegers Baumann ist deshalb auch untrennbar verknüpft mit den Problemen des citius, altius, fortius, ob sie nun Doping, Gewalt oder Kommerzialisierung heißen. Einen humanen Hochleistungssport gibt es letztlich nicht – soviel hat er in seiner langen Laufbahn gelernt, und dennoch macht sich der romantische Realist stets aufs neue auf, Menschlichkeit einzufordern. Er spricht darüber in großer Offenheit, auch zum Preis eigener Widersprüche, und überschreitet damit oft die Grenze, die er bisher zum Schutz der eigenen Privatheit gezogen hat. Sichtbar wird dann das Doppelleben des 30jährigen, der die Existenz im Rampenlicht nur durch Fluchten in die Traumwelten eines Hermann Hesse oder den völligen Rückzug in sein Herrlinger Heim, droben auf der

Schwäbischen Alb, aushält. Hier zeigt sich, auch im Zusammenleben mit seiner Frau Isabelle, ein anderer Baumann, der keinem der gängigen Klischees, schon gar nicht dem des ewigen Sonnyboys, entspricht. Um das Gesamtbild dieses Lebens zwischen Bodenhaftung und Weltläufigkeit, zwischen Skeptizismus und rosa Brille, zwischen Lust und Last, auszuleuchten, wird Abschnitt für Abschnitt aus zwei Blickwinkeln betrachtet: aus jenem des Ich-Erzählers Baumann und jenem des außenstehenden Journalisten. Die Kapitel sind dabei auch schrifttypisch voneinander abgesetzt. In vielen Gesprächen, zuletzt über eine Woche im gemeinsamen Trainingslager in Flagstaff/Arizona, haben wir diese Rollen geduldig geübt und darüber Stoff für ein Buch zusammengetragen, das auch einen anderen Titel tragen könnte: Ein Leben zwischen Traum und Alptraum.

Josef-Otto Freudenreich
Tübingen/Flagstaff im April 1995

Endredaktion in den Kiefernwäldern von Arizona: Der Journalist (links) und der Läufer, Zeile für Zeile prüfend.
(Foto: Marcel Versteeg)

Von der Freiheit, ein anderer zu sein

Der 8. August 1992 war der Tag des Dieter Baumann, an dem die Welt für ihn mächtige Purzelbäume schlug. Er wurde Olympiasieger über 5000 Meter, und dies ist heutzutage natürlich längst nicht mehr nur ein gewonnenes Rennen, sondern ein Ereignis von offenbar weltumspannender Bedeutung, weshalb auch die Weltpresse zugegen war, als der junge Mann in Barcelona von seinem Glück berichtete. Er sagte, was alle anderen in dieser Situation auch sagen würden – daß er es nicht fassen könne, Olympiasieger zu sein, daß er dem Herrgott und seiner Freundin Isabelle danke und daß er kein böses Wort über die Funktionäre verlieren wolle. Daraufhin hob ein ziemliches Gemurmel unter den Journalisten an, die es gewohnt waren, von »ihrem Dieter« andere Töne zu hören. Der wackere Schwabe stand schließlich in dem Ruf, sich vor nichts und niemandem zu fürchten, und jetzt wäre doch die beste Gelegenheit gewesen abzurechnen. Mit den eitlen Verbandsfürsten, den Doping- und Stasi-Trainern, den Politikern, die den Ausländerhaß schüren, und den Großgrundbesitzern, die den brasilianischen Regenwald abholzen. Doch was tut das Schlitzohr Baumann? Er begründet, warum er bei seiner Siegerehrung die Nationalhymne mitgesummt hat. Als kleiner Bub, so erzählt er strahlend, habe er immer die Fußballer bewundert, die vor jedem Spiel das Deutschlandlied singen durften. Als Läufer habe er diese Chance nur selten, vielleicht nur einmal im Leben. Also habe er sie genutzt. Worauf die FAZ wohlgefällig notierte, seine Vorliebe für den Kontrast zum Konventionellen habe offensichtlich Grenzen, und das Eingeständnis »vaterländischer Gefühle« habe den international denkenden Journalisten, der ihn danach fragte, doch verwundert.

Stimmt. Der Internationalist war zufällig der Autor dieser Zeilen, dem Baumann zuvor noch erklärt hatte, er laufe nicht für Deutschland, sondern nur für sich selbst, und wenn er schon singe, dann vielleicht das Lied der Blues Brothers »Everybody needs somebody«. Die Auflösung des Widerspruchs war ganz einfach: »Pressekonferenzen machen mir unheimlich Spaß«, erläuterte er hinterher, »ich stehe neben mir und grinse über mich.«

So ist er, dieser Baumann. Er ist kein Opportunist, der heute für und morgen gegen Kohl ist, er wehrt sich nur gegen Schubladen, die seinen Bewegungsspielraum immer enger ziehen. Der »populärste Leichtathlet Deutschlands« (Der Spiegel) liebt nichts so sehr wie seine Freiheit und spürt doch sehr genau, daß er bereits katalogisiert und etikettiert ist, daß er mal als Verbandskritiker, mal als Hoffnungsträger, mal als Ossi-Hasser, mal als Berufsschwabe, mal als Lustmensch, mal als Ausländerfreund, mal als Bruder Leichtfuß herhalten muß. Prägestempel der Medien. Für das Magazin »Sports« ist er wahlweise ein »zu spät gekommener Hippie« oder ein »rebellischer Eigenbrötler«, für die »Süddeutsche Zeitung« ein »Pseudonym für Optimismus«, für die »Welt« »der Publikumsrenner«, für die »taz« ein »eloquenter Sportler« und für Springers »Sport-Bild« gar »Deutschlands Vorzeigesportler«. So weit so gut, aber wer ist dieser Dieter Baumann wirklich?

Mit seiner Selbsteinschätzung hilft der Betroffene nicht viel weiter. Er müsse erkennen, meint der hochdekorierte Athlet, daß er ein »ganz kleines Würstchen« sei. Was kann ich schon, pflegt er zu fragen, außer schneller laufen als andere? Natürlich schwingt hier viel Koketterie mit, auch das typisch schwäbische Understatement, aber dieses Selbstverständnis zeigt auch viel Einsicht in das wirkliche Leben. Der politische Kopf weiß um die Überhöhung der Sportstars, die in Ermangelung anderer Helden zu Kultfiguren hochgeschrieben und -gesendet werden. Dagegen hat er sich immer gesträubt, er wollte kein Vorbild sein, weil er sich die Freiheit nehmen wollte, Fehler zu machen. Inzwischen ist ihm klar geworden, daß er gar nicht umhin kann, Vorbild zu sein. Ein Dieter Baumann, ein Olympiasieger mit einem Profil, das unzählige Identifikationsmöglichkeiten bietet, ein solcher Tausendsassa ist offenbar wie geschaffen für den Medienmarkt – ein solcher Typ wird zum Vorbild stilisiert.

Er sitzt mit Richard von Weizsäcker an einem Tisch oder auf dem Sofa von Margarethe Schreinemakers. Er hält Vorträge bei der Iduna-Versicherung über Mitarbeitermotivation und spricht bei Kundgebungen vor Tausenden gegen Ausländerfeindlichkeit. Als nebenberuflicher Autor findet er sich neben Stefan Heym, Friedrich Schorlemmer und Ulrich Wickert wieder. Die Friedensfreunde benötigten ihn für ihre Menschenketten, die Grünen legen bei ihm ihre Angst vor dem Spitzensport ab, weil er ihnen als bekennender Öko und laufender Intellektueller gilt. Ein Dieter Baumann gegen einen Lothar Matthäus, welch' geistige Erfrischung. Die Sponsoren suchen ihn, weil er so herzerfrischend positiv ist, in den Schulen soll er verdrossenen Kids das große Einmaleins erfolgreicher Lebensbewältigung vermitteln. Gar nichts mehr, so scheint es, geht ohne ihn bei seiner Hauptbeschäftigung, der Leichtathletik. Wann immer die gebeutelte Sportart Zuspruch braucht, wird ihre Vorzeigefigur gerufen. Der Präsident des Deutschen Leichtathletikverbandes (DLV), Helmut Digel, knüpft gar sein Schicksal an jenes von Baumann. Wann immer die Athleten Probleme mit ihren Funktionären haben, wird ihr streitbarer Kollege in Stellvertreterkämpfe geschickt. Und der fragt sich am Ende immer: warum nur ich? Ich bin doch nichts Besonderes.

Und dann sitzt er wieder im Café Einstein in Berlin, will nur Zeitung lesen vor dem Rennen, und schon schreiben die Journalisten, der kopflastige Überflieger könne sich halt nur im literarischen Café auf seinen Einsatz vorbereiten. Soll er jetzt mit Max Frischs »Stiller« (ich will mir die Freiheit, ein anderer zu sein, erhalten) kontern oder nur sagen, daß der Kaffee hier gut ist? Beides würde ihn keinen Schritt weiterbringen, also schweigt er lieber. Zu häufig hat er erfahren, daß ein nur beiläufig gesprochener Satz zur Schlagzeile geriet und er von der Wucht des Wortes hinterher schier erschlagen wurde.

Was kennt man noch von diesem Menschen? Den Lebenslauf, versteht sich. Aufgewachsen in einer Kleinstadt am Fuße der Schwäbischen Alb. Blaubeuren – eine gottesfürchtige Fachwerkidylle mit Benediktinerkloster, die höchstens im Fernsehen in Aufregung gerät, wenn Felix Huby seinen Taucherkrimi »Bienzle und die schöne Lau« im örtlichen Blautopf spielen läßt. In dieser ländlichen Abgeschiedenheit werden in der Familie des Malermeisters Jakob Baumann sechs Kinder groß. Schön paritätisch, drei Mädchen und drei Jungs. Unter dem Gesichtspunkt der Leibesübungen traten Ursula, Ellen und Christa in dem sportbegeisterten Haushalt nicht sonderlich in Erscheinung, sieht man einmal davon ab, daß Christa später die Fan-Post für Bruder Dieter erledigte. Rolf brachte es immerhin bis zum Kurzzeit-Profi beim VfB Stuttgart und Uli, das Nesthäckchen, kickt Woche für Woche beim TSV Blaubeuren. Dieter, der Zweitjüngste, war wahrscheinlich damals schon der flinkste von allen, aber viel wichtiger war er fürs familiäre Betriebsklima. Er war der Sonnenschein.

Wenn er in seinem rosaroten Schal, den er sich selbst im Zug auf dem Weg zur Schule gestrickt hatte, daheim aufkreuzte, strahlten Mama, Papa und Geschwister. »Au wenn alle d'Lätsch nunderhänga hond lassa«, wie sich Mutter Baumann erinnert, was übersetzt soviel heißt, wie: »auch wenn alle schlecht drauf waren«. Noch heute leuchten ihre Augen, wenn sie von ihrem Liebling erzählt, der nie ein Tief hatte. Nein, sie kann sich beim besten Willen nicht entsinnen, daß ihr Dieter mal so richtig einen Durchhänger hatte.

Ein offensichtlich problemloses Kind, das in dem großen Haushalt mitlief und keiner besonderen mütterlichen Aufmerksamkeit bedurfte, weil es von seinem Naturell her ein unbekümmertes Kerlchen war. Dieser Bub mußte nicht betüttelt werden, er regelte sein kleines Leben weitgehend selbst. Wichtig war nur, daß er nach dem pflichtgemäßen Schulbesuch in den Feldern und Wäldern herumstrolchen, auf dem Fußballplatz kicken, nebenher ein bißchen Gitarre spielen und bei der Deutschen Lebensrettungsgesellschaft noch einen Schwimmschein machen konnte. Am besten wär's gewesen, sagt Christa Baumann senior, wenn alles gleichzeitig geklappt hätte.

Der Dieter war halt immer auf dem Sprung, immer hibbelig, immer unternehmungslustig. Und wenn dem Springinsfeld, bei aller motorischen Begabung, doch einmal etwas danebengegangen war, dann konnte er so inständig um Verzeihung bitten,

Sohn und Mutter Christa: Ihre Augen leuchten, wenn sie von ihrem Dieter erzählt. (Foto: Gustav Schröder)

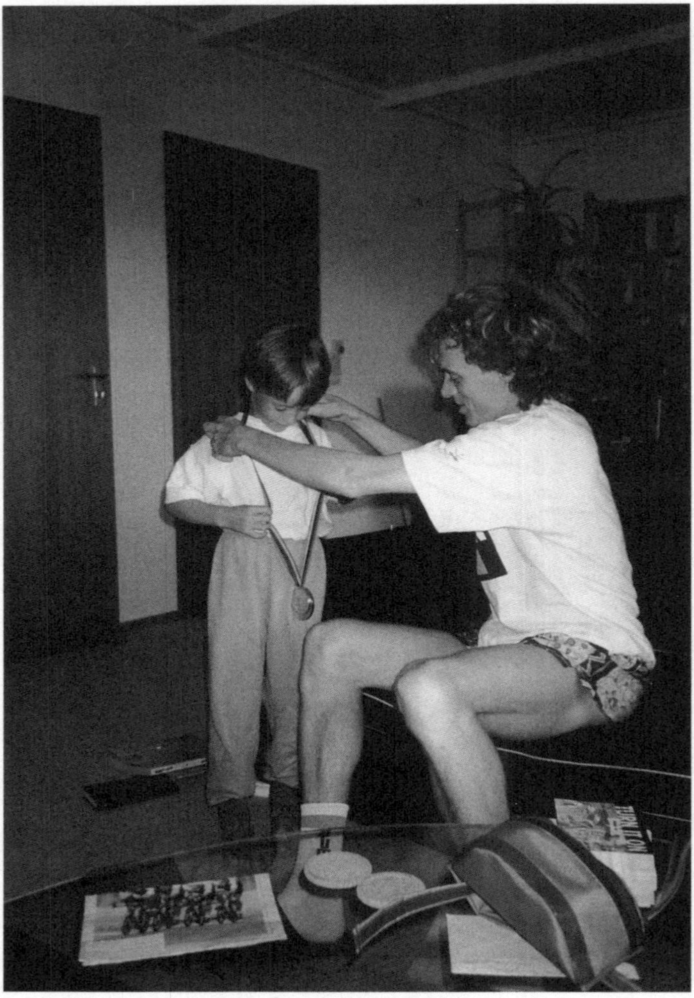

Geborgter Glanz: Neffe Max wird von Onkel Dieter mit Gold geschmückt. (Foto: privat)

daß den Eltern gar nichts anderes übrig blieb, als Gnade walten zu lassen. Wenn er dem Nachbarn die Scheibe zerschossen oder dem Bauern im Dorf die Wiese angezündet hatte, selbstverständlich ganz aus Versehen, dann hat es ihm noch 14 Tage danach leid getan, erzählt Christa Baumann, wie sollte sie ihm da böse sein. Ihr Junge habe eben ein gutes Herz und schlage eindeutig dem Vater nach, der den Ernst des Lebens ernst genug fand, um ihm auch ein paar Streiche zu spielen. Wenn's Baumann senior in den Kram paßte, malte er mal kurzerhand eine Sonne auf die Hauswand und scherte sich herzlich wenig darum, was die Nachbarn dazu zu sagen hatten.

Was störte es da, daß der Junior kleidungstechnisch nicht ins Stadtbild paßte. Fransenjeans und Palästinensertuch – das war nun nicht unbedingt das, was man im stockkonservativen Blaubeuren unter einem ordentlichen Outfit verstand. Aber weil's dem Dieter gefiel, schwiegen auch die Eltern fein still. Viel wichtiger war, daß ihr Zweitjüngster die Seele des Betriebs blieb, und wie man im Schwäbischen sagen würde: so anstellig.

Der Bub bekochte seine Geschwister, wenn die Mutter außer Haus war, ihn konnte man zum Einkaufen schicken, wenn alle anderen wie angenagelt auf ihren Stühlen saßen. Selbst nach einem langen Lauf, womit wir jetzt einen Sprung ins 17. Lebensjahr machen, in dem die Geschichte mit der Rennerei anfing, konnte Christa Baumann sicher sein, daß ihr Sohn noch eine Kiste Sprudel besorgte. Und dies, wie sie heute noch staunt, ohne jeden Widerspruch. »Der Dieter«, sagt sie, »hat das anstandslos gemacht.«

Wenn sie davon erzählt, im Baumannschen Haus an der Bergstraße 13, spürt man den Stolz, den sie hat, wenn sie in ihren Erinnerungen kramt. Und ab und zu wandert ein verstohlener Blick zu dem großen Bild des großen Sohnes an der Wand (das der Betroffene gerne entfernt hätte, aber letztlich akzeptieren mußte, weil es ein Geschenk von Schwester Ursula war). Man tritt der Mutter wahrscheinlich nicht zu nahe, wenn man vermutet, daß sie sich mit am meisten über den Höhenflug ihres Dieters wundert, über einen Aufstieg, der auch ein familiärer war.

»Wir waren arme Säcke«, berichtet sie aus einer Zeit, in der sie alle Hände voll zu tun hatte, die sechs Kinder über die Runden zu kriegen. Sie verdiente in ihrem erlernten Beruf als Lebensmittelverkäuferin dazu, der Nachwuchs mußte, sobald er dazu in der Lage war, hundert Mark im Monat auf den Tisch des Hauses legen. Das war für das tägliche Brot, nicht für irgendwelchen Luxus, wie beispielsweise Urlaub. Den gab's für Mutter Baumann zum ersten Mal 1983 am Gardasee. Als 41jährige.

Den prominenten Sohn hat dieses einfache, bescheidene Leben geprägt. Wo kein Überfluß war, hatte überflüssiger Konsum keinen Platz, eher schon jene typisch schwäbische Sparsamkeit,

Zwei, die sich noch richtig freuen können: Wenn Vater Baumann (links) danach ist, malt er halt eine Sonne an die Hauswand. (Foto: Pressefoto Baumann)

die aus der Not eine Tugend macht. Wenn Dieter mit Freunden ausging, was häufig passierte, konnte er sich einen ganzen Abend lang an einer Cola festhalten. Jede Mark, die er ob solch' genügsamer Lebensweise übrig hatte, trug er brav aufs Sparbuch. Und wenn darüber eine kleine Summe zusammengekommen war, »hat er's richtig genossen«, erinnert sich Mutter Baumann und lächelt dabei ein wenig. Fehlte nur noch, daß sie Volkes Stimme, die in diesen Breiten besonders eindringlich klingt, zitiert: wer den Pfennig nicht ehrt...

Aus den Pfennigen sind mit zunehmender Ausdauer, auch der läuferischen, Scheine geworden, und so registrierte sie die weitergehenden Ambitionen ihres Sohnes mit Wohlgefallen. Schon als kleiner Athlet, womit sie sein achtzehntes, neunzehntes Lebensjahr meint, habe er ihr hoch und heilig versprochen, daß er in Zürich nicht lange in der Schlange stehen werde, um nachts um eins noch die Almosen nach dem Rennen abzuholen. Bald werde er die »großen Brocken abräumen« und selbige dann abholen lassen. Seherische Talente hatte er damals also auch schon.

Bisweilen schauten Mutter und Vater Baumann zwar noch etwas erstaunt auf ihren schmächtigen Gernegroß, aber ein Spruchbeutel, nein, das war er noch nie. Sein »laßt mich machen« war nicht nur eine stete Aufforderung an sie, Toleranz walten zu lassen, es war für sie auch die Gewißheit, daß er tatsächlich machte. Vater Jakob hatte diese Entschlossenheit an einer Stelle erwischt, an der er am empfindlichsten war: an seiner Leidenschaft für den Fußball. Der 55jährige, der so gerne Profikicker geworden wäre, wollte diesen Traum wenigstens durch seine Söhne verwirklicht sehen, und auch sein Dieter wäre dazu in der Lage gewesen.

Er war pfeilschnell, hatte ein gutes Auge, besaß Spielintelligenz und eine gehörige Portion Schlitzohrigkeit. Zusammen mit seinem Bruder Rolf hätte er, so des Experten Prognose, ein exzellentes Mittelfeld abgegeben. Das wäre die Erfüllung eines Traumes gewesen, den Jakob Baumann immer mit dieser Sportart verbunden hatte. Die Baumänner als Fußball-Macht – damit wäre ein Leben für das runde Leder gekrönt worden. Denn gleichgültig, ob er Trainer in Wippingen, Blaubeuren oder Geislingen war, der Mittelpunkt in der Blaubeurer Bergstraße blieb immer der Ball. Wenn er der Ansicht war, daß zur Urlaubszeit mit dem Bau eines Vereinsheims begonnen werden mußte, dann hat er eben mit seinen Söhnen die Gräben ausgehoben.

Umso härter hat ihn die Entscheidung seines begnadeten Kickers Dieter getroffen, mit 17 Jahren zur Leichtathletik überzuwechseln. Es muß ihm wie Verrat an der guten Sache erschienen sein, so verständnislos stand Jakob Baumann dem Ansinnen gegenüber. »Es darf doch nicht wahr sein – auf der Aschenbahn rumhüpfen und uns fehlt ein Mann auf dem Feld.« Brauchte er dem Renegaten noch mehr zu erklären, als in diesem Satz an Entsetzen steckte? Der Filius begriff den Schock seines Vaters sehr wohl, nur, sein Schritt stand fest, und so blieb dem gutmütigen Papa gar nichts anderes übrig, als ihn zu akzeptieren. Heute, mit der Milde und Einsicht des Alters, glaubt er sogar, daß dieser Entschluß richtig war. Wahrscheinlich, sagt er, hätte sein Dieter ohnehin Probleme mit diesem Mannschaftssport gehabt. Der hätte sich nicht in ein taktisches Konzept einsperren lassen, weil er halt doch ein »eigenwilliger Typ« gewesen sei, ein eigener Kopf. Und wenn er dann noch erlebt hätte, daß er rennt und rennt und rennt und die anderen nur 80 Prozent leisten, dann hätte er ohnehin nichts anderes mehr zu tun gehabt, als das Feuer unterm Dach zu löschen.

Und so ist es, wie es gekommen ist, eben »au wieder recht«. Aus dem Bub ist ja etwas geworden, und je besser sich diese Laufbahn anließ, umso weniger Widerstände entwickelte das

Familienoberhaupt. Heute ist es selbstverständlich, daß Jakob Baumann mit nach Barcelona, Helsinki oder bald nach Atlanta reist, zumal seine Gattin stets liebevolle Brücken zwischen der Leichtatlethik und dem Fußball baut. Während die Kugelstoßer und Diskuswerfer ihrem wenig aufregenden Geschäft nachgehen, wird sie ihren Gatten nie aus dem Schlummer reißen. Erst wenn die 5000 Meter und sein Dieter dran sind, stößt sie ihn kurz an und sagt: »Jakob, aufwachen, das Spiel fängt an.«

Und wenn beide dann nach Hause kommen und der Dieter wieder einmal der Held war, dann ist der väterliche Stolz endgültig wach. Dann schlägt der kollektive Jubel in der Heimat zu. Begonnen hatte die »Baumania« bereits nach dem Gewinn der Silbermedaille in Seoul, als er noch für den VfL Waiblingen startete und im Autokorso durch die Stuttgarter Nachbargemeinde gefahren wurde. Ein solcher Glanz sei noch nicht auf seine Stadt gefallen, schwärmte damals Oberbürgermeister Ulrich Gauß und steckte dem Strahlemann flugs die goldene Ehrennadel an. Vier Jahre später, nach Gold in Barcelona, fiel die Ehre noch viel massiver aus. In Blaubeuren solle die Turnhalle fortan »Dieter-Baumann-Sporthalle« heißen, beschloß Schultes Georg Hiller, womit er offensichtlich Volkes Wunsch erfüllte: 4000 Blaubeurer warteten bereits vor dem neuen Denkmal, um ihren Dieter mit Gemüse (»Spurtkraft durch Alb-Biokost. Nix Doping«) und Selbstgereimtem (»In Spaniens Hitze war Dieter Spitze«) zu begrüßen. Der berühmteste Blaubeurer, so reportierten seinerzeit die Gazetten, wurde schier erdrückt, weil er wieder mal dem Teufel ein Ohr abgelaufen habe.

Natürlich freuen sich die Baumanns mit und sind auch mächtig gebauchpinselt, aber manchmal treten sie auch neben sich und staunen nur. Christa senior über die ganzen Großkopfeten, die sie gar nicht kennt. Isabelle über die massenhafte Aufgeregtheit, Dieter über die Tatsache, daß man ihn so viel wichtiger nimmt, als er ist, und Jakob über die Ungeheuerlichkeit, daß ein Leicht-

Wenn der große Sohn ins Dorf zuückkehrt, feiert Blaubeuren ihn...

… und liebend gern auch sich selbst. (Fotos: privat)

athlet solche Euphorie auslösen kann. In seinen Kopf will das nicht hinein, weshalb er jetzt neue Hoffnung schöpft. Auf die Frage eines Südwestfunk-Reporters, was er denn zum Nachwuchs in seines Filius' Haushalt sage, antwortete er wie aus der Pistole geschossen: »Die Kleine wird sicher ein klasse Fußballer werden.«

Zwischen Traum und Alptraum

Wer richtig leben will, muß laufen. Wer verkörpert seinen Wahlspruch besser als der Vorläufer der Nation? Für Dieter Baumann ist die ursprünglichste Art menschlicher Fortbewegung nicht nur Beruf und Berufung, sie ist ihm insbesondere Lebensphilosophie. In sich hineinhorchen, Gedanken ordnen, Nahwelten erschließen, Natur erleben, loslassen von den Segnungen einer technisch-mobilen Zivilisation, Freiheiten in den Begrenzungen suchen, ein Mikrokosmos im Makrokosmos – all' das bedeutet für ihn laufen. Doch es ist mehr als individuelles Glück. Es ist für ihn auch eine Strecke gelebter Solidarität mit den Millionen von Gleichgesinnten. »Laufen verbindet Welten«, so pflegt er seine Erfahrungen zu bündeln, die stets dieselben waren, auf welchem Fleckchen Erde er sich gerade auch herumgetrieben hat. »Alles, was du brauchst, ist ein paar Schuhe«, sagt er schlicht, »und schon hast du auf der ganzen Welt Partner. Und wenn es der Postbote ist.«

Nun ist ihre Zahl so unübersichtlich wie ihre Motivationslage, sicher aber scheint, daß es immer mehr werden. Bill Clinton tut's, um der Nation seine Dynamik zu demonstrieren. Richard von Weizsäcker tut's, um zum x-ten Mal das Sportabzeichen zu schaffen. Mercedes-Chef Helmut Werner tut's, um sich und seine Bodyguards fitzuhalten. Der investigative Autor Günter Wallraf tut's, um sich für seine Undercover-Einsätze zu stählen. Der Literat Günter Herburger tut's, um die eigenen Leiden (»Schmerzen in den Schultern, im Rücken und am Gesäß, vielleicht steckte im Koronarsystem verengender Kalk«) zwischen zwei Buchdeckel zu pressen, auf denen dann »Traum und Bahn« oder »Lauf und Wahn« steht. Das namenlose Heer der Jogger findet sich bei Volksläufen ein, bei Lauftreffs, bei Stadtläufen, beim »Corporate Challenge« der eigenen Firma. Zu

Zehntausenden schieben sie sich durch die Häuserschluchten von Manhattan, durch die Berner Altstadt oder beim Osterlauf durch Paderborn. Kurzum: Die Welt ist auf den Beinen.

So unstrittig es ist, daß das Laufen die Muskeln und den Kopf lockert, so gewiß ist auch, daß es für viele nicht mehr der reine Spaß ist. Wo bei dem einen viel Geld lockt, treibt den anderen die Lust an der Leistung an, die aber auch zur Last werden kann. Für letztere kann und will der Olympiasieger Baumann kein Beispiel sein. Wer miterlebt, wie er acht Tempoläufe über 1000 Meter in jeweils drei Minuten zurücklegt und sein Atem dabei nicht schneller geht als beim Durchschnittsjogger, der eine Treppe im Eilschritt nimmt, der kann die Welten ermessen, die dazwischen liegen. Und mag sein Laufstil noch so schwerelos erscheinen, mögen die locker in den Hüften aufgehängten Beine den Boden kaum berühren, auch das ist ihm nicht zugeflogen. Es ist das Ergebnis eines singulären Talents und jahrelanger harter Arbeit.

Wenn Dieter Baumann etwas weitergeben will, dann zunächst einmal Geduld und Gelassenheit, gerade auch beim Laufen. Nichts erzwingen wollen, nicht immer auf die Uhr schauen, stets im Bestreben, sich an die eigenen Grenzen heranzutasten. Warum nicht einfach laufen um des Laufens willen, warum nicht wenigstens hier einen konkurrenzfreien Raum schaffen? So ist auch verständlich, wenn er sich dem immer wieder geäußerten Wunsch nach Trainingsplänen verschließt. Er will niemand in ein Schema pressen, das er für sich selbst ablehnt. Laufen heißt für ihn auch Spontanität, Selbstbestimmung und vor allem Spaß. »Lauf, wenn dir dein Leben lieb ist«, empfiehlt Deutschlands furiosester Schnellfüßler, »aber nicht zu schnell.« Wie das zu schaffen ist, verrät er dann doch im folgenden Kapitel.

Lauf, wenn dir dein Leben lieb ist. Rein in die Schuhe und raus in den Wald, und schon bin ich ein anderer Mensch. Der Kies unter den Füßen knirscht, die Bäume fliegen vorbei, du hörst nur die Stimmen der Vögel, dich und deinen Atem. Ganz rhythmisch, ganz gleichmäßig. Dein Geist kontrolliert alles, du könntest 25 Kilometer laufen, ohne die Spur einer Anstrengung. Vorbei an der ersten Marke, meiner dickbäuchigen Buche, und du merkst, du bist schnell wie nie. Hinauf zu meiner Lichtung, auf die ich mich schon freue, weil das Moos in der Sonne schimmert wie das Meer am Strand. Weg ist alle Müdigkeit, weg ist alles, was nervt. Hunde, die hinter mir herrennen, das Telefon, das Faxgerät, mein Verbandspräsident. Ich bin mit mir und meiner Welt allein.

Bin ich deshalb einsam? Überhaupt nicht. Hasen, Rehe, Wildschweine kreuzen meinen Weg, meine Freunde, die Bäume, sind da, und wehe, es fehlen fünf. Das ist, als hätten sie mir fünf Kompagnons geklaut. Und weil das so ist, wehre ich mich immer gegen die »Einsamkeit des Langstreckenläufers«. Seit dem Buch von Alan Silitoe haftet uns das Etikett der leicht gestörten Einzelgänger an, die verbiestert durch die Landschaft rennen, weil sie drohender Lust und Leidenschaft entfliehen müssen. Völliger Unsinn. Die Leute müßten vielleicht mal mehr als den Titel lesen und würden dann recht schnell feststellen, daß es eigentlich ein sehr positives »Lauf-Buch« ist.

Für Colin Smith, den Helden, der in der Erziehungsanstalt Borstal einsitzt, bedeutet Laufen Freiheit. Er darf raus aus den Mauern, zum Trainieren, weil er für den Direktor den Borstal-Preispokal holen soll. »Manchmal denk ich«, sagt der Junge, «ich bin noch nie so frei gewesen wie in den beiden Stunden, wenn ich draußen vor den Toren lang trotte und bei der laublosen breitbauchigen Eiche am Ende des Heckenwegs wende.« Fünfzigmal fühle er sich dabei besser, erzählt Smith, als wenn er mit dreihundert anderen im Schlafsaal eingepfercht sei. Die »Freiheit des Langstreckenläufers«, das wäre für mich ein passenderer Titel für dieses traumhafte Buch gewesen.

Vielleicht müßte man auch nur den Begriff Einsamkeit anders deuten. Ist es nicht auch etwas Gutes, einmal allein zu sein? Weg von der Hektik des Alltags, fern von den Menschenmassen, die einen schier erdrücken. Ich jedenfalls brauche diese Distanz, um mich nur mit mir beschäftigen zu können. (Welcher Jogger hat nicht die Erfahrung gemacht, daß ihm dabei die besten Ideen kommen?) Aber sind wir deshalb egozentrisch oder asozial?

Laufen bedeutet für mich auch Geborgenheit. Ich weiß nicht, ob viele das Geräusch kennen, wenn sie mit voller Geschwindigkeit an Baumreihen entlangzischen. Dieses regelmäßige, fast monotone sch, sch, sch gibt mir viel Ruhe zurück, vor allem dann, wenn sich die Wipfel über mir zu schließen scheinen. Dann bewege ich mich in einem natürlichen Tunnel, in dem mir keiner mehr etwas anhaben kann. Das ist wahrscheinlich auch der Grund dafür, warum ich meine Strecken nur höchst ungern wechsle. Ich habe dieses Vertraute von Anfang an gebraucht. Als 17jähriger bin ich immer nur den Oberen Tugendpfad bei Blaubeuren gelaufen, weil er mich durch den Wald geführt hat, der irgendwann mir gehörte. Dieses In-Besitz-Nehmen hat mich dann zu so abenteuerlichen Überlegungen veranlaßt, daß ich eigentlich alle, die auf meinen Spuren wandeln, stellen müßte. Wegen Naturfrevels wahrscheinlich. Mit dem Alter bin ich etwas flexibler geworden. Heute wähle ich immerhin zwischen sechs Strecken, aber ich gebe gerne zu, daß auch die ziemlich festgelegt sind. So weiß meine Frau Isabelle genau, wo ich bin, wenn ich ihr sage, daß ich die »Wildsau-Runde« drehe. Das ist halt im Wippinger Wald, dort, wo ich einmal mit Isabelle beim Laufen fast über die Borstenviecher gestolpert bin.

So sehr der Wald meine Heimat ist, so ungern überquere ich freie Flächen. Wiesen zum Beispiel mögen zum Blumenpflücken geeignet sein, laufend meide ich sie eher. Hier kann mich jeder sehen, hier kann ich nicht unterstehen, mich nicht schützen vor Blitz und Hagelschlag. Auf freier Fläche bin ich ganz klein. Wer weiß, vielleicht spuken mir auch noch Hitchcocks Vögel im Kopf herum. Selbst ein Baumann rennt einem Bussard nicht davon. Am schlimmsten sind aber die Hochflächen auf der Alb, die geraden Wege, die sich wie Kaugummi ziehen können. Hier schalte ich ganz fix einen Gang hoch, um so bald wie möglich im nächsten Waldstück unterzutauchen, oder zumindest eine Lichtung zu erreichen, auf der ich mit Isabelle schon gepicknickt habe. Ich könnte ja sonst verloren sein.

Solche Gefühle, und darüber staune ich wahrscheinlich selbst am meisten, wechseln mit den Ländern. Die Weiten Kenias etwa bekümmern mich gar nicht, die vielen Menschen ebensowenig. Ich konnte hier nicht durch Wälder laufen, tausendfach verschlungene Trampelpfade in der Savanne waren meine Strecke. Hier bist du nie allein. Schon morgens beim ersten Sonnenstrahl ist Kenia unterwegs. Die Kinder gehen zur Schule, die Frauen tragen ihre Krüge zur Wasserstelle, die Bauern führen ihre Kuh zur Weide. Hier werden aber auch deine Sinne ganz anders angesprochen. Dieses wunderschöne Morgenlicht läßt jeden Grashalm, jeden Kieselstein plastisch erscheinen, es riecht nach den Feuern, auf denen der erste Tee kocht, die Tiere sind wach und laut. Da stehst du manchmal nur da und horchst und riechst und fühlst, du bist ein Teil dieser grandiosen Natur. Aber auch ein komischer Läufer unter all den Fußgängern.

Bei einer Wanderung mit dem britischen Kollegen Ian Manners ist mir das besonders deutlich geworden. Wir waren auf dem Weg zum Einkaufen, als uns plötzlich fünf Kinder umringten. Das Trainingsbuch von Ian war ihnen aufgefallen. Ob er es ihnen nicht schenken könnte, fragen sie ihn. Nein, antwortet Ian, das sei nicht möglich, aber er könne ihnen ein paar Sätze daraus schenken. Wie er Worte verschenken könne, fragen die

Baumann in Kenia: Nur Fruchtsalat und Müsli von Isabelle – die kleinen Zuhörer biegen sich vor Lachen. (Foto: privat)

Kinder verwundert. »Ganz einfach«, sagt Ian, »indem ich daraus vorlese.« Die Kinder dürfen eine Seite aussuchen, und schon beginnt er zu lesen: »Freitagmorgen, Tee um sieben. Halb acht lockerer Lauf mit Dieter, 137 Puls, danach schönes Frühstück, anschließend Nickerchen. Nur Fruchtsalat und selbstgeschrotetes Müsli von Isabelle zum Mittagessen. Danach zwei Stunden tiefer Schlaf, aber keine Träume. Um fünf Uhr locker 15 km gelaufen, Dieter abgehängt. Was für ein schöner Tag.« Die kleinen Zuhörer biegen sich vor Lachen. Wann ist ihnen soviel Blödsinn schon untergekommen? Laufen ist für sie Lebensgrundlage, aber um Himmelswillen doch nichts zum Aufschreiben.

Auch in solchen Augenblicken wird mir klar, was ich für ein Luxusgeschöpf bin. Eigentlich laufe ich ja just for fun und habe dabei das Glück, daß unsere westliche Gesellschaft das so aufregend findet, daß sie dafür auch noch Geld bezahlt. In Kenia ist das anders. Da schließt sich uns ein Tankstellenarbeiter im Overall an und hängt sich zwei Kilometer lang an, nur um zum nächsten Dorf mitgezogen zu werden. Das ist eine Art von Windschattenlaufen, das die normale Fortbewegungsart etwas kurzweiliger macht. In seinem Dorf angelangt, fragt er uns nur, was wir hier eigentlich treiben, wir hätten ja wenigstens einen Kanister Wasser für seinen Großvater mitnehmen können. Zweckfreies Laufen – wie unverständlich.

In solchen Momenten komme ich mir dann ziemlich nutzlos vor, denn irgendwo hat der gute Mann auch recht. Viel fällt einem zur Rechtfertigung des eigenen Luxuslebens auch nicht ein, außer, daß es ein paar seiner Landsleute genauso treiben wie ich. Oder doch? Eigentlich macht es mich auch lebenstüchtig. Wie das?

Augenzwinkernd gesagt: Ich weiß, eine Antilope kriege ich nicht, bei aller Spurtschnelligkeit, aber die Straßenbahn in Wien. So blöd das klingt: die Sorge, eine Tram könnte mir entwischen, hat mich tatsächlich noch nie gequält. Warum? Weil ich mir sicher bin, daß ich sie beim nächsten Halt erwische. Was macht Otto Normalbürger, wenn die Benzinnadel seines Tachos unaufhaltsam in den roten Bereich rutscht? Er hält hilfesuchend nach einer Tankstelle Ausschau. Ich bin da ganz cool, weil ich weiß, daß ich 20 Kilometer locker in einer Stunde schaffe. Über meine jahrelange Lauferei habe ich auch ein sehr feines Gespür für Distanzen entwickelt. Freunde von mir sind immer sehr verblüfft, wenn ich ihnen erkläre, der Weg von A nach B sei genau so und so lang. Vom Herrlinger Bahnhof zu mir müßten sie beispielsweise einen Kilometer bewältigen. Ich habe diese Entfernung nie gemessen, doch es waren exakt tausend Meter, wie ihr Tacho ausgewiesen hat. Dieses Feingefühl hängt wohl damit zusammen, daß ich mir meine Nahwelt wirklich laufend betrachte. Selbst wenn ich im Zug oder im Auto sitze, verfolge ich die Landschaften aus dem Blickwinkel heraus, wo und wie ich dort loslegen könnte. Wie könnte dieser Waldweg verlaufen, wohin führt er, ist er verschlungen oder kerzengerade? Diese Entdeckerfreude spielt sich pausenlos in meinem Kopf ab. Das gibt mir auch ein Gefühl der Unabhängigkeit von all' den Errungenschaften der Zivilisation, die mit Mobilität zu tun haben. Ob das Autos, Wegweiser oder Uhren sind – unabhängig davon kann ich auf eigenen Beinen stehen. Sage also keiner, Laufen sei im 20. Jahrhundert eine völlig nutzlose Angelegenheit.

Sicher wäre ich früher, rein praktisch gesehen, ein

wertvolleres Mitglied der Gesellschaft gewesen. Ich denke schon, daß ich meinem steinzeitlichen Helden »Rulamann« beim Jagen hätte zur Hand gehen können. Auch die Indianer, auf deren Spuren ich mich immer im Trainingslager in Flagstaff befinde, hätten in mir wahrscheinlich einen guten Kundschafter oder Boten gehabt. Gerade hier in den Kiefernwäldern von Arizona merke ich, wie sehr ich ein Läufer durch Geschichte und Geschichten bin. Wer hier zu Fuß durch die endlosen Weiten streift, wird auf Koyoten, Elche und Bären stoßen, wird verstehen, warum die Indianer bis zum letzten Blutstropfen um ihr Land gegen die Weißen gekämpft haben. Mir geht es heute, im fünften Flagstaff-Jahr, noch so, daß ich keinen Umweg scheue, um die schneeglitzernden Gipfel der Francisco Peaks zu sehen. Und wenn es nur für einen kurzen Augenblick ist. Davon kann ich bis zum nächsten Trainingslager zehren, hier bin ich nicht mehr in der modernen Welt.

Bücher wie »Begrabt mein Herz an der Biegung des Flusses« von Dee Brown habe ich regelrecht in mich hineingefressen. In ihnen lese ich im Wortsinn laufend, weil ich der indianischen Tragödie in und um Flaggstaff auf Schritt und Tritt begegne. Der Canyon de Chelly ist nicht weit, in dem General Kit Carson zuerst die Pfirsichbäume und dann die Navajos vernichtet hat. Die wenigen, die das Massaker überlebt haben, zwang er zu einem 500 Kilometer langen Marsch in ein elendes Reservat. Halb nackt und halb verhungert ertrugen sie schwere Schneestürme, nur eines hielten viele nicht mehr aus: den Verlust ihrer Heimat. Es hat deshalb schon seinen Grund, wenn ich im FAZ-Fragebogen Sitting Bull als meine Lieblingsgestalt in der Geschichte angegeben habe. Der legendäre Sioux-Häuptling ist für mich der personifizierte Widerstand gegen das schreiende Unrecht, das die Weißen den Indianern angetan haben. Heute leben die eigentlichen Besitzer des Landes in Reservaten, zwischen Resignation und Alkoholismus, von den Amerikanern zum Tabu-Thema erklärt. Ich habe es als Ehre empfunden, von zwei Lehrerinnen in ein Indianerreservat nahe Flagstaff eingeladen zu werden, um mit den Nachkommen Sitting Bulls zu sprechen. Es handelte sich um eine Läufergruppe an der High School von Chinle, und es war eine der beeindruckendsten Veranstaltungen, die ich bisher erlebt habe. Die jungen Indianer sagten kein Wort. Sie schauten mich nur an, mit ihren ernsten, entschlossenen Gesichtern. Als wollten sie sagen: Wir laufen keinem hinterher.

Wie unwichtig mag für sie meine Art zu laufen sein. Hätte ich ihnen erzählen sollen, wie ich, der Weiße, ihrer Geschichte auf der Spur bin? Oder hätte ich ihnen berichten sollen, wie ich, der Olympiasieger, mit meinen Gegnern umspringe? Daß ich sie in meinen Tempoläufen bekriege, daß ich mit ihnen spreche.

Nein, du Morceli, du ziehst nicht an mir vorbei. Und du Gebresilasie, paß' bloß auf, wenn du angreifen willst. Du Skah, wag' ja nicht, mir zu nahe zu kommen. Mein Puls ist fantastisch. 180, der kann noch rauf auf 200.

Ich glaube, sie hätten mich nicht verstanden. Hätte ich ihnen von meinen Tagträumen bei Dauerläufen erzählen sollen, in denen ich meine Rennen durchspiele.

Noch 300 Meter. Skah springt wie eine Katze nach vorne, greift Morceli an und geht an ihm vorbei. Jetzt muß ich mit. Ganz dicht rücke ich auf. Schneller und schneller versucht Skah zu beschleunigen. Das Tempo ist unheimlich hoch. Bleib dran, Dieter, bleib dran.

Hätte ich verraten sollen, daß das nur ein Traum war? Daß er kein Ende hatte, weil ich ihn bei Dunkelheit auf einer Teerstraße bei Blaubeuren geträumt habe und dabei fast in ein Auto gerannt bin? Daß mich nur ein Sprung in den Straßengraben gerettet hat und der Fahrer ganz besorgt um meine Gesundheit war? Ich weiß noch genau, wie ich damals völlig verwirrt von einem Rennen erzählt habe und der gute Mann ganz entsetzt gefragt hat, ob noch mehr von meiner Sorte unterwegs seien. »Viele sind unterwegs«, habe ich ihm damals geantwortet, was sein Wohlbefinden nicht unbedingt gesteigert hat. Hätte ich dies alles den Indianerkindern erzählen sollen? Ich glaube nicht, daß es gut gewesen wäre, sie damit zu behelligen. Wie meilenweit bin ich doch mit dieser Welt von ihrer weg. Ihre Gesichter signalisieren mir diese Distanz. Laß uns laufen wie wir sind, sagen sie.

Laufen – jeder soll es auf seine Weise tun. Ich kann von niemandem verlangen, daß er es mit derselben Verrücktheit betreibt wie ich. Die Kehrseite ist nämlich, daß man es dann braucht wie die Luft zum Atmen. (Was nichts mit diesen ausgeschütteten Endorphinen zu tun hat, die einen angeblich in einen tranceartigen Zustand versetzen. Ich habe darüber mit vielen Läuferkollegen gesprochen, sie kennen dieses Gefühl ebensowenig wie ich). Wie elend war mir nach meinen Verletzungen zumute. 1993 konnte ich mir keinen einzigen schnellen Schritt erlauben, bis mir mein Arzt Peter Verhouwen eine Minute erlaubt hat. Ich hätte schreien können vor Freude. Sechs Monate ohne meine geliebte Lauferei, da willst du nur noch, daß alles wieder zurückkommt. Dein Herzschlag, der im Rhythmus deiner über dem Boden wirbelnden Beine schlägt. Dein Atem, dein Puls, dein Schweiß. Du willst alles und zwar sofort. Die Bäume sollen wieder an dir vorbeifliegen. Doch du hast Angst, du läufst wie auf Eiern, weil alles auch sofort wieder vernichtet sein kann, was ganz vorsichtig aufgebaut worden ist.

Ich weiß noch genau, welches Ziel ich mir damals gesteckt habe. Wenn ich im Trainingslager in St. Moritz bin, so hieß der Plan, laufe ich zum Starzer See, wo ich Isabelle zum ersten Mal gesehen habe. Ich habe die sieben Kilometer geschafft. Ein irres Gefühl. Mein Leben hatte wieder begonnen.

Eine Anleitung zum Laufen

Laufen ist schöner als fliegen. Vielleicht mag es die eine oder der andere mal ausprobieren. Damit es schon vom Start weg klappt, versuche ich es mit ein paar kleinen Hinweisen. Das erste Gebot ist, nichts zu übertreiben. Bloß weg von dieser Schinderei, die vor allem ältere Herrschaften pflegen, nur weil sie das forever young vor Augen haben. Dieser Altersklassensport ist so risikobelastet wie der Unverstand manches Senioren, der sich dreimal das Knie operieren läßt, um wieder trainieren zu können. Das neue Hobby soll schließlich Spaß machen. Ziel soll das individuelle Wohlbefinden und nicht die ständige Verbesserung der persönlichen Bestzeit sein.

Also erst einmal in aller Ruhe starten, am besten mit Gleichgesinnten. Ganz langsam zwei Minuten laufen, zwei Minuten gehen, dies immer schön im Wechsel und eine halbe Stunde lang. Damit vermeidet man den häufigsten Anfängerfehler, nämlich loszurennen wie ein Wahnsinniger und nach zwei Minuten platt zu sein, was die Laune spürbar senkt. Wer in diesem Rhythmus dreimal die Woche übt, dürfte schon nach einem Monat in der Lage sein, eine Viertelstunde am Stück zu laufen. Das ist die Basis für längere Rhythmen, wobei es völlig ausreichend und am gesündesten ist, sich dreimal eine halbe Stunde in der Woche vorzunehmen. Die dabei zurückgelegte Strecke hat man sehr schnell im Griff, so daß eine Uhr eigentlich unnötig ist. Sie unterwirft einen nur dem Diktat des Rekords, der immer wieder zu brechen ist, und das halte ich beim Hobbyjoggen für unsinnig. Wichtig sind Wegmarken, die man sich einprägen kann, bei denen man sein Feeling prüft, fühlt, ob es rollt oder nicht. Auf die innere Uhr zu hören, ist dann viel besser.

Wenn schon ein technisches Gerät dabei sein muß, würde ich viel eher zu einem Pulsfrequenzmesser raten (was ich wiederum nicht sage, weil der beste Hersteller mein Sponsor ist). Er leistet einfach etwas, was der menschliche Ehrgeiz verhindern kann: Nüchtern analysieren, ob das, was man gerade tut, noch gesund ist oder nicht. Dazu ist allerdings auch eine vorherige ärztliche Untersuchung nötig, denn nur so kann ich wissen, welche Pulsfrequenz bei welcher Belastung angemessen ist. Wenn ich darüber im Bilde bin und dann gelegentlich den technischen Check mache, kann mir eigentlich nichts mehr passieren – außer dem Glück eines schönen Laufs.

Barcelona – der Sieger heißt Baumann

Ich weiß, man sieht den Baumann als einen rundum positiven Menschen. Lustig, witzig, immer einen lockeren Spruch auf den Lippen, immer Strahlemann, Stehaufmännchen, immer bester Laune, ein Sonnyboy eben, dem ein guter Gott Puderzucker in den Hintern geblasen hat. Ich gebe zu, daß mir dieses Image nicht unangenehm ist und daß ich auch selber meinen Teil dazu beitrage. Mit einem Lächeln kann ich viele Fragen beantworten, ohne etwas sagen zu müssen, es kann mich schützen, ohne daß ich kämpfen muß. Der positive Baumann hat natürlich auch allen Optimismus der Welt und gerät damit zum Hoffnungsträger, weil Miesepeterei in unserer Spaßgesellschaft so schwer verkäuflich ist.

Die Wahrheit ist, daß diese Zuversicht oft auf verdammt dünnen Beinen daherkommt. Ich rede hier nicht vom Ozonloch, vom Waldsterben und Jelzins Atomraketen, ich rede jetzt von meiner kleinen Sportwelt, die manchmal tonnenschwer auf mir lastet. Ich rede von meiner Angst vor dem Start. Wem muß ich nicht alles entwischen?

Dem Publikum, das »seinen Dieter« siegen sehen will. Darf ich als Achter ins Ziel kommen? Darf ich euch enttäuschen? Nein, um Himmels willen nicht, schreit die innere Stimme, du darfst kein Versager sein. Du bist doch der Olympiasieger.

Dem Veranstalter, dessen finanzieller Ruin nur abwendbar scheint, wenn er sein Sportfest zum »Baumann-Festival« macht. Am liebsten wäre ihm, so hat es Manfred Germar vom ASV Köln einmal erklärt, wenn ich bei seinem Meeting am Anfang, in der Mitte und im Schlußrennen laufen würde. Warum zwischendrin nicht noch ein bißchen fliegen?

Meinem Präsidenten und seinen Funktionären, die selbstverständlich nur mein Bestes wollen. Ich bin, so suggerieren sie mir häufig genug, für Wohl und Wehe der deutschen Leichtathletik verantwortlich. Also renn' Baumann, renn' für die Fördermillionen aus Bonn, renn' für Deutschland. (O »Necko« Neckermann hilf. Wie war das damals, als du für Deutschland geritten bist?)

Was sagt mein Verein, wenn ich das Bayer-Kreuz nicht vornewegtrage? Sind sie sauer in Leverkusen, weil sich ihr eingesetztes Kapital nicht verzinst, oder darf die Aktie Baumann auch mal sinken? Bisher haben sie mich ja immer gestützt, aber auch sie müssen an ihren Betriebsfrieden denken.

Was denken meine Sponsoren, wenn ihre Produkte hinterherlaufen, in allen Einzelheiten eingefangen von den Fernsehkameras, registriert von Millionen Menschen? Ich bin doch der lebende Beweis dafür – und will es natürlich auch sein –, daß der Beste die besten Schuhe trägt.

Um nicht mißverstanden zu werden: Hier steht kein armes Kerlchen vor der Klagemauer. Ich weiß sehr wohl, daß ich von diesem System profitiere, daß ich ohne dieses Umfeld nicht »der« Baumann wäre, der ich heute bin. Ich will damit nur einen Sachverhalt erklären, der ziemlich schizophren klingt: Ich kann nicht mehr unschuldig wie eine Jungfrau in ein Rennen gehen und muß dennoch versuchen, genau das zu tun. Erst wenn ich allen Ballast abgeworfen habe, in meinen Tunnel eintauchen kann und die Welt nur noch als diffuses Tosen an mir vorbeirauscht, erst dann kann ich mir sicher sein, daß es ein gutes Rennen wird. Oder um es brutal auszudrücken: Sollte jemand neben mir erschossen werden, und ich drehe den Kopf nicht einen Millimeter zur Seite, dann habe ich die nötige Konzentration. Daß dieser Kraftakt im Kopf – von der körperlichen Bestform rede ich hier nicht – ungeheuer viel Energie kostet, brauche ich wahrscheinlich nicht zu betonen. Empfindsame Gemüter werden auch verstehen, daß einen die Angst, dies nicht zu schaffen, schier erdrücken kann.

Bei einem einmaligen Ereignis wie den Olympischen Spielen ballen sich alle diese Probleme zusammen, jede Faser des Körpers, jede Gehirnwindung ist auf dieses Ziel ausgerichtet, auf ein Ziel, das für mich die ganze Bandbreite von existentiellen Gefühlen bereithält: untergehen, versagen, inklusive Häme, wenn der Mann mit der großen Klappe einbricht, himmelhochjauchzen, triumphieren, wenn »Dieter Nationale« gewinnt. Mein Tagebuch Barcelona '92 soll darüber im Zeitraffer Aufschluß geben:

Ruhe, Ruhe, Ruhe. Unter diesem Gesichtspunkt hatte Isabelle einen Bungalow 60 Kilometer von Barcelona entfernt gemietet. Hier wollte ich, abseits des ganzen Trubels, acht Tage vor dem Endlauf in trauter Zweisamkeit die letzten Vorbereitungen treffen. Der Bungalow entpuppte sich als Behausung inmitten eines turbulenten Campingplatzes, auf dem die kleinen Spanier mit ihren Minimotorrädern herumbrummten und die Señoritas in ihren Minitangas auf und ab stolzierten.

Beides war für eine gezielte Einstimmung auf einen sportlichen Höhepunkt nicht unbedingt das Richtige. Also auf ins Olympische Dorf zu den Mannschaftskameraden. Dort hatte das Nationale Olympische Komitee (NOK) ausreichend Appartements gemietet, die alle nur den einen Nachteil hatten: keine Aircondition. Die Lage war schön, direkt am Meer, die Luftfeuchtigkeit erdrückend, und die Augusthitze trieb mir den Schweiß auf die Stirn, ohne daß ich auch nur einen Meter gelaufen wäre. Für ein wetterfühliges Sensibelchen wie mich die Hölle. Nun hätte ich vielleicht bei meinen Kumpels aus Italien und Österreich, die von ihren NOKs ordentlich gekühlt wurden, zeitweilig Unterschlupf finden können, aber über einen Dauergast auf ihrem Bettvorleger wären sie wohl auch nicht so glücklich gewesen.

Was tun? Isabelle fragt die Herren Funktionäre nach Kühlgeräten. Is' nicht, wird ihr geantwortet, auch nicht für ihren werten Freund. Keine Extrawurst, Schwitzen scheint für alle Pflicht. So fährt sie in die Stadt, besorgt drei AC-Aggregate, die freilich im Kampf gegen die Hitze hoffnungslos überfordert sind. Ich überstehe die erste Nacht schlaflos, die zweite auch, und weiß dann genau, wenn ich hier noch eine dritte bleibe, kann ich gleich den Rückflug antreten. Habe ich vier Jahre wie ein Besessener trainiert, um drei Tage vor dem Showdown an einem Hitzschlag zu sterben? Nein, und nochmals nein. Also raus aus der Sauna, raus aus dem Dorf, rein in irgendein Hotel, das Abkühlung verspricht.

Weil das nun wieder als Fahnenflucht aus der olympischen Sippenhaft gewertet wird, heben die Herren Funktionäre sofort den moralischen Zeigefinger. Ich könne die Mannschaft nicht im Stich lassen, sagen sie mit besorgten Mienen, und wenn das jeder tue, wo kämen wir denn hin? Ich hab's getan und mich dort einquartiert, wo schon Boris Becker, Carl Lewis und Arnold Schwarzenegger wohnten. Und schau an, noch in der ersten Nacht klopft's schüchtern an die Tür. Konrad Dobler, der Marathon-Mann, und Ellen Kiesling, die Mittelstrecklerin, bitten um Quartier. Am nächsten Tag sind Heike Drechsler, Heike Henkel und Stefan Freigang meinem Beispiel gefolgt, wobei ich jetzt nicht behaupten will, das habe ihnen die Medaillen gerettet. Aber als kleinen Wink an die Offiziellen möcht' ich's schon verstanden wissen. Vielleicht erinnern sie sich beim nächsten Mal daran, wenn sie in ihre klimatisierten Suiten und VIP-Mercedesse steigen.

Zu all' diesem, völlig unnötigen Streß tritt dann die Anspannung des Wettkampfes, der bei uns schon mit Vorläufen beginnt. Bei Olympischen Spielen gibt es keine Bummelzüge, mit denen man kurz mitfahren kann. In Barcelona war dies besonders eklatant, weil die Vorläufe wegen der Hitze gestrichen und zu vier Zwischenläufen zusammengefaßt wurden. Somit war klar, daß nur die ersten beiden eines jeden Durchgangs und die sieben Zweitschnellsten ins Finale kommen würden. Da war kein Platz mehr für Spielereien, für lockeres Einpendeln und schnell mal auf den letzten tausend Metern anziehen. Schon im Zwischenlauf galt: jetzt oder nie.

Und sofort sind die Zweifel da. Jetzt lastet eine doppelte Angst auf mir. Das Einmalige des Ereignisses wird mir immer bewußter. Werde ich die Chance nutzen können? Boris Becker kann eine Niederlage in Wimbledon schon ein Jahr später in einen Sieg umwandeln. Jürgen Klinsmann hat die Gelegenheit von Woche zu Woche.

Aber worauf arbeite ich hin, wenn ich hier scheitere? Zum zweiten quält mich die Frage, ob ich das Rennen durchstehe. Habe ich wirklich genügend trainiert, kann ich 120 Prozent bringen, wenn es um alles oder nichts geht?

Bereits der Zwischenlauf muß die Wahrheit ans Licht bringen. Was für ein Fels fällt mir von der Seele als ich merke, daß es rollt. Eine Schlußrunde in 54 Sekunden, Sieger ohne Mühe, ich habe tierisch was drauf. Wie gut das der angeknacksten Psyche tut – und die Kollegen Gegner sind auch gewarnt. Daß ihr mir den Baumann nicht unterschätzt. Das Hochgefühl hat einen Tag gehalten, den ganzen Donnerstag, den 6. August 1992 lang. Doch was ist am Freitag, dem Tag vor dem Showdown? Habe ich Isabelle nicht gesagt: Wenn ich das Finale nicht gewinne, kann ich nie mehr gewinnen?

Ich bin ein Nervenbündel, wie ein Tiger im Käfig wandere ich in der Nacht davor durchs Zimmer, ein Gegner nach dem anderen zieht an meinem geistigen Auge vorbei, sie überholen mich auf der Bahn. Kenias Weltmeister Yobes Ondieki, Paul Bitok, Fita Bayisa aus Äthiopien, sie lassen mich stehen, stöhnt der schwache Baumann. Das ist nicht wahr, schreit der starke Baumann in mir. Ich weiß, daß ihr nichts drauf habt, im Spurt schlage ich euch alle. Yobes, ich habe doch nach deinem Zwischenlauf gesehen, wie aschfahl du von der Bahn gegangen bist. Du warst überhaupt nicht souverän, bist als Vierter durchs Ziel gekommen und hättest rausfliegen können, wenn das Rennen nicht schnell gewesen wäre. Und du Paul, kannst deine Ringe unter den Augen nicht vor mir verstecken, und du Fita, bist völlig grau unter deiner schwarzen Haut. Ich aber bin in Topform, die tausend Männchen in meinem Körper wissen, was zu tun ist. Schluß mit lustig, es wird rauchen im Gebälk. So kämpfen die beiden Baumänner bis in die Morgenstunden miteinander, und der Sieger steht immer noch nicht fest.

In solchen Momenten lechze auch ich nach Bestätigung. Ein Glück, daß es Menschen gibt, die dann zur Stelle sind. Jürgen Melzer gehört dazu. Der Physiotherapeut des Deutschen Leichtathletikverbandes hatte mich in Seoul betreut (»mein lieber junger Freund, jetzt geh' ins Stadion, ich bin auch noch da«), danach aber seinen Verbandsjob geschmissen, weil ihn seine Praxis brauchte. Er fehlte mir in Barcelona. Plötzlich klingelt das Telefon: »Hier Jürgen, ich konnte dich doch nicht alleinlassen, ich bin gerade gelandet«. Und ich wußte, wo Jürgen ist, scheint auch die Sonne. Es gibt wahrscheinlich keinen optimistischeren Menschen auf Gottes Erdboden als ihn. Ich hatte 1990 bei ihm gewohnt, in meiner schlimmsten Verletzungszeit, und dennoch ging es mir nicht schlecht, weil dieser Mensch einfach die gute Laune in Person ist. Ich mußte mir nur in Erinnerung rufen, wie er weiland in Portugal auf Skirollern unterwegs war. Einem Autofahrer ist dabei dermaßen das Gesicht stehen geblieben, daß er pfeilgerade in den Graben gefahren ist. Aber allein diese Komik und die anschließenden Verhandlungen mit der Polizei, aus der der Skiroller Melzer als strahlender Sieger hervorgegangen ist, das vertreibt die finstersten Gedanken. Es ist schon so: Wenn du denkst, es geht nicht mehr, kommt von irgendwo der Jürgen her.

Den entscheidenden Kick hat mir jedoch Isabelle mitgegeben. 40 Minuten vor dem Rennen, alle 15 Läufer sind bereits im Callroom zusammengerufen, tut sie etwas, was sie sonst nie tut. Sie kommt angerannt und

»Ich steige in eine andere Sphäre auf«: Das Finish in Barcelona, auf der Bahn und im (oben eingeklinkten) Zielfoto. (Foto: Sammy Minkoff)

will mir etwas mitteilen. Normalerweise reden wir in dieser Phase kein Wort mehr miteinander, hier muß ich ganz allein sein, völlig in mich zurückgezogen. Habe ich ihr nicht eindrücklich genug erzählt, warum ich bei den Europameisterschaften 1986 in Stuttgart schon im Vorlauf ausgeschieden bin? Damals hatte ich das Neckarstadion betreten und schon schallte es aus der Blaubeurer Kulisse: Hallo Dieter, mir sind alle do, i bin dr' Sepp und i Gretl, mach's guat. Und ich wink' allen zurück, glücklich wie ein Kind, dem gerade das Christkind erschienen ist. Von Konzentration natürlich keine Spur mehr, das Rennen war schon passé, bevor es überhaupt begonnen hatte. Wenn Isabelle nun unser ungeschriebenes Gesetz brechen würde, mußte sie eine überaus wichtige Nachricht haben. Sie hatte sie. »Yobes war gerade noch beim Physiotherapeuten«, flüstert sie mir ins Ohr, und damit war klar, daß der Favorit nicht fit war. Kein Läufer von unserer Klasse läßt sich kurz vor einem solchen Rennen noch einmal behandeln, wenn er Körper und Kopf klar hat. Das war für mich, die hohen Priester des Fairplay mögen mir verzeihen, das schönste Signal zum Aufbruch.

Da stehen wir 15 also an der Startlinie, wie Rennpferde in der Box, und warten darauf, daß der erlösende Schuß fällt. Dieser Schuß tötet in mir alle Angst, allen Zweifel, weil ich weiß, daß ich endlich tun kann, was ich wirklich kann: laufen. Jetzt bin ich in einer anderen Welt, in meinem Tunnel, er ist mein Schutz und Schirm, die Psychologen würden wahrscheinlich sagen, mein Uterus, in dessen Geborgenheit ich zurückflüchte. Hier ist mein Zuhause, hier gilt nur meine Welt, mein Film, mein Plan.

Die Zuschauer existieren nicht mehr. Ob sie toben oder schweigen, pfeifen oder Beifall klatschen, ich nehme sie nicht wahr. Auch Isabelle ist weg. Ich würde lügen, wenn ich jetzt behaupten würde, ich würde an sie denken. Es gibt nur noch meine Gegner. Ich werde ihnen weglaufen, sagt mein Film. 500 Meter vor dem Ziel werde ich den Turbo zünden, mein Gehirn wird meinen Muskelmännern befehlen zu explodieren, sie werden mich drei, vier Meter nach vorne katapultieren. Das wird reichen.

Doch ich tue es nicht. Ich kann es nicht.

Dieter warte, um Himmels willen, warte, schreit ein innerer Bedenkenträger 500 Meter vor Schluß. Bleib, wo du bist. Warum? Bricht jetzt doch die Angst durch mein Schutzschild? Die Angst vor dem Vorneweglaufen, wie ein einzelnes Reh gehetzt von der Meute, in der ich sonst der Löwe bin? Ich kann es nicht erklären. Ich schwimme in der Herde mit, vor mir Boutayeb, Bayisa und Ondieki, noch 400, noch 300, noch 200 Meter. Es wird ein reines Spurtrennen werden. Dieter, bleib dran, brüllt der Regisseur in meinem Film, bleib locker, du fühlst dich super, die können nicht weglaufen.

Tatsächlich, Yobes fällt zurück (der Physiotherapeut!), aber er hält mich auf, ich verliere drei Meter. Ist das schon das Ende? In der Kurve vor dem Zieleinlauf driften Boutayeb und Bayisa nach außen, weil sie jetzt, 120 Meter vor der magischen Linie, nur noch eines vor Augen haben wollen: das Ziel. Kein Weltklasseläufer will in dieser Phase einen Gegner vor sich haben, nichts darf seinen Blick auf das Traumbild verstellen, also weicht er automatisch etwas zur Seite, um über seine eigene Bahn zum Sieg zu fliegen – und so tut sich die rettende Lücke an der Innenkante auf, dort, wo auch Carl Lewis zu sprinten beginnt.

Der Weg ist frei, das Tor zu aller Glückseligkeit ist offen, ich weiß, der Olympiasieger heißt Baumann, er braucht nur noch 100 Meter zu fliegen. Ein leichtes für mich. Ich bin die Möwe Jonathan. Ich steige in eine andere Sphäre auf. Alles ist rosarot, und ganz langsam wird mir bewußt, welches Glück ich habe.

»Ich war so stolz auf euch«

Bert Sumser[1] am 14. August 1992:

Liebe Isabelle, lieber Dieter

Wo fange ich nur an? – Wie fange ich nur an? Am besten so: Wahre Zuneigung und echtes, ehrliches Empfinden für zwei Menschen bewahrt man still in seinem Herzen – man lebt und leidet mit ihnen, ist immer mit seinen Gedanken und Gefühlen bei ihnen. So erging es mir die ganze Zeit – auch wenn wir nichts voneinander hörten.

Die Tage von St. Moritz 1988 waren für mich ein einschneidendes Erlebnis in meinem Trainerleben. Traf ich dort doch auf einen Menschen und Athleten, der so ganz nach meinen Vorstellungen war. Der Erfolg in Seoul gab mir dann auch recht. Es folgten Jahre des Wartens, Jahre des Zweifelns und Hoffens, ob »es wieder mit der Gesundheit wird« – Jahre des Durchhaltens – auch der Einkehr und Besinnung – und so viele, viele andere Dinge, die zur Bewährung und damit zum Erfolg führten.

Ich muß Euch leider ehrlich gestehen: Ich sah zwar einiges von den Spielen – aber meine ganze Konzentration galt nur den 5000 Metern. Ich hatte zwar für vieles Interesse – aber teilnahmslos.

Und nach dem Vorlauf am 6. August, einem Donnerstag, habe ich zum ersten Mal beruhigt geschlafen – ich spürte, was Du kannst und wie stark Du bist. Und der Endlauf? Noch nie schlug mein Herz so schnell, doch immer die Gewißheit: Der ist nicht zu schlagen. – Dann kommt die Lücke – wo ist die Lücke? – auf den letzten 120 Metern – was mag in Dieter jetzt alles vorgehen. Dem Äthiopier Bayisa sei Dank – und das war es dann. Ich gratuliere Euch beiden. Und dann habe ich von den Spielen nichts mehr gesehen und sehen wollen – das war es dann auch für mich.

So nehmt nochmals meine Glückwünsche entgegen. Eine größere Freude konnte ich auf meine alten Tage (demnächst 79) nicht mehr erleben. Ich war so stolz auf Euch.

Doch das Leben geht weiter. »Tust Du einen guten Schlag – vergiß ihn sofort« hat einmal ein großer amerikanischer Golfer gesagt. Das nächste Turnier wird schwerer. Aber das wißt Ihr ja selber. Doch gibt es da noch einige Dinge, an die man denken muß. Wenn ich Euch da helfen kann – ich tue es gerne.

Ich denke an Euch, der Herrgott möge Euch beschützen.

Euer Bert Sumser

[1] Sumser ist eine Trainerlegende im DLV. Er hat u.a. Armin Hary und Willi Holdorf betreut.

Auf den Spuren von Hermann Hesse

Der Eigenbrötler von der Alb wird gerne als Berufsschwabe rubriziert. Dickköpfig, sparsam, und so breitmäulig daherredend, daß man seine Ausführungen für Nordlichter gelegentlich untertiteln müßte. Aber stimmt das Klischee? Man muß Dieter Baumann von seinen eigenen Landsleuten erzählen lassen, um die Distanz zu erkennen, die er zu ihnen hat. Zu jenen Schwaben, die ihren Pietismus jeden Sonntag zur Kirche tragen und am

Es muß nicht immer Laufen sein, die kleinen Fluchten klappen auch ganz entspannt im Kopf. (Foto: Andreas Weise)

Montag den türkischen Müllmann schurigeln, wenn er ihren ausgedienten Spätzlehobel nicht mitnehmen will. Doch halt, die Zeiten haben sich geändert. Wenn sie heute zum Recyclinghof Blaustein kommen, grüßen sie den Herrn Tüfekci schon von weitem, machen einen braven Diener und fragen, auf welchen Haufen sie ihre Yoghurtbecher werfen dürfen. Woher die neue Freundlichkeit? Ganz einfach: Der Alb-Donau-Kreis hat die schärfsten Müllrichtlinien im Land, und der Aufseher Tüfekci hat das Recht, jeden Abfall zurückzuweisen, auch die Yoghurtbecher, wenn sie nicht vorher feinsäuberlich ausgespült und die Aluminiumdeckel abgetrennt wurden. »Da mußt du die Leute mal buckeln sehen«, sagt Baumann, und wenn das komödiantische Talent dabei mit eingezogenem Genick durchs Zimmer schleicht, wird sein ambivalentes Verhältnis zu seinen Landsleuten überdeutlich. Verbundenheit mit der Heimat muß nicht heißen, daß man auch ihre Pharisäer liebt.

Nimmt es da Wunder, daß der feine Beobachter Hermann Hesse liebt? Jenen großen Calwer Dichter, den Wahrheitssucher, der schon früh den Kampf mit dem Pietismus aufgenommem hat, der die Outcasts der Gesellschaft zu seinen Helden gemacht hat, der Romantiker und Realist war. In Hesses Figuren, die viel Autobiographisches in sich tragen, findet sich Baumann wieder. Sie offenbaren viel mehr über den Olympiasieger als viele Porträts der Jetztzeit, die um Differenziertheit bemüht sind und doch nur Schablonen aneinanderreihen. Peter Camenzind etwa, der Naturbursche, der sich als Landstreicher und Wanderer auf Tour in die Städte begibt und den es unwiderstehlich in sein Dorf, zum Vater, zu den einfachen Menschen zurückzieht, dieser Bauernsprößling ist auch Baumanns Held. »Dieser Camenzind wußte, woher er kommt«, erklärt der Hesse-Fan, »ich will das auch nie vergessen.«

Doch die Schlüsselfigur zum wirklichen Verständnis des Menschen Baumann ist Knulp. Der Nachfahre von Eichendorffs »Taugenichts« entstammt der frühen Prosa Hesses (1915) und zählt zu den reizvollsten Stücken des gebürtigen Schwaben. Knulp ist ein liebenswerter Landstreicher, der durch Süddeutschland streift, scheinbar nutz- und ziellos. Er tut nichts als spazierengehen, sagen die Handwerker, wenn sie seiner ansichtig werden. Hätte er nicht einer anständigen Arbeit nachgehen können? Doch dieser Knulp, von dem Hermann Hesse sagt, er sei zwar nicht nützlich, aber dafür auch viel weniger schädlich als manche Nützliche, hält den braven Kleinbürgern den Spiegel vor. In ihm erkennen sie sich als rastlose, beladene Malocher in den Zwängen der engen Kleinstädte. Andererseits sehen sie das subversive Gegenbild des Umherstreuners, der keine Steine klopfen und fünf Kinder ernähren muß, der in den Tag hineinlebt und damit glücklich ist.

Für Baumann ist Knulp kein Luftikus. Er läßt die Menschen leben, wie sie sind, aber sie sind ihm nicht gleichgültig. Er lehrt sie, über sich selbst nachzudenken, über ihre festgefügten Lebenspläne, die kein Ausscheren zuzulassen scheinen. Knulp ist ein stiller, unspektakulärer Rebell. Am Ende kehrt er zurück in die Heimat, wie Camenzind nach Nimikon, wie Baumann auf die Alb. Dieter Baumann, der bodenverhaftete Weltenbummler, der moderne Knulp, flieht oft in diese Welt.

Peter Bajus, der Bruder im Geiste

Es war im Sommer 1989, als vor dem Haus des Darmstädter Sportfunktionärs Robert Bertsch ein Möbelwagen mit 44 Kartons voller Bücher und Schriften hielt. Die Papiermassen stammten aus dem evangelischen Gemeindehaus in Seeheim und sollten bei dem Heimatgeschichtler eine vorläufige Heimat finden, bis die Kirche einen endgültigen Aufbewahrungsort zur Verfügung stellen konnte. Eher zufällig fischte Bertsch eine hessische Chronik aus den Kisten, die sich als echte Trouvaille entpuppte: Berichte über den Schnelläufer Peter Bajus, der, 1795 geboren, entweder ein Phantasiegeschöpf oder ein Athlet von Weltrang sein mußte. Doch bald war klar, daß dieser Mensch ein sehr reales Wesen war. Die angegebenen Strecken und Zeiten ließen sich verifizieren, und damit war zu belegen, daß dieser Peter Bajus ein Ausnahmeläufer war, der es heute ohne weiteres mit den Besten der Welt aufnehmen könnte. Entdecker Bertsch faßte die Vita dieses ungewöhnlichen Sportlers in einem kleinen Buch zusammen – und über den Umweg des Darmstädter DLV-Präsidenten Helmut Digel landete es im Briefkasten von Dieter Baumann.

Und bei dem löste es ungeheueres Erstaunen, tiefe Hochachtung und große Sympathie aus. Der Freund historischer Figuren erkannte in dem 170 Jahre älteren einen Artverwandten, soviele Gemeinsamkeiten in dessen Lebensweg und Lebensauffassung, daß er zu einem wahrhaften Bajus-Verehrer wurde. Fasziniert hatte ihn nicht nur die überragende sportliche Leistung des Schnelläufers, sondern auch dessen Geschick, aus seinem Talent Kapital zu schlagen. Ein Taglöhner, der es dank seiner Schnelligkeit zum Großherzoglichen Hofläufer brachte, dort aber keinen abgesicherten Vorruhestand suchte, sondern mit 61 Jahren noch in die Neue Welt, in die USA übersiedelte – war ihm der nicht wie aus dem Gesicht geschnitten? Ihm, dem Fotolaboranten aus kleinbürgerlichen Verhältnissen, den die very important persons aus Politik, Wirtschaft und Medien an ihren Tisch bitten. Ihm, dem modernen Sportler, der jede Herausforderung annimmt und dabei hundert Jahre alt werden will.

»Beide sind wir persönlich berühmt und wissen nicht so recht warum«, sagt Baumann, und deutet damit an, wie sich die Zeiten gleichen. Die Glorifizierung und Mystifizierung der Ausnahmetalente funktioniert nach denselben Spielregeln, heute wie vor 170 Jahren. Und weil diese Analogien mit Händen zu greifen sind, spiegelt die Bajus-Hommage des Dieter Baumann auch ein Stück eigener Geschichte wider.

Wer zählt zu den größten Läufern aller Zeiten? Paavo Nurmi, die finnische Legende? Emil Zatopek, der rasende Tscheche? Oder Henry Rono, der fliegende Kenianer? Alles richtig. Aber einer gehört auch dazu: Peter Bajus.

Nie gehört? Keine Bange, das ist keine Bildungslücke. Peter Bajus war Taglöhner und später großherzoglicher Hofläufer in Darmstadt. Zu seiner Hoch-Zeit ein berühmter Mann, aber danach, trotz seiner unfaßbaren Leistungen, in Vergessenheit geraten.

Ich habe diese Geschichte verschlungen, wie ich früher von Knulp nicht genug kriegen konnte. Knulp verkörperte für mich ein lebenswertes Leben, Bajus eine Karriere, die man auf den ersten Blick gar nicht als sportliche bewerten würde. Zu verschieden scheinen die Zeiten zu sein, zu unterschiedlich die Voraussetzungen, unter denen wir gelaufen sind. Und dennoch fühle ich mich diesem Menschen verbunden, der sicherlich ein gefeierter Olympionike gewesen wäre, wenn es damals die Olympischen Spiele schon gegeben hätte.

Peter Bajus war, so schreibt die Frankfurter Zeitschrift »Didaskalia« am 18. Februar 1824, schlank, im Gesicht etwas mager, stark von Knochen und Sehnen, weder ein starker Trinker noch Esser. Er sei eher von phlegmatischer Natur gewesen, habe aber jedem Windstrom getrotzt und dabei nie Brustbeklemmungen und Seitenstechen bekommen. Gesellschaftlich gesehen war Bajus von Geburt an ein Niemand, ein Mann von niedrigem Stand. Er konnte nur mit drei Kreuzen unterzeichnen. Aber er konnte eines besser als alle anderen: laufen.

Bin ich vielleicht mit diesem Bajus verwandt? Gut,

sehen wir einmal davon ab, daß ich mir die Kunst des Lesens und Schreibens aneignen konnte. Aber was kann ich sonst, außer eben diese 5000 Meter schneller laufen als viele andere?

Peter Bajus war der herausragende Schnelläufer seiner Zeit. Nur seiner Zeit? Oder halten seine Leistungen auch noch unseren Maßstäben stand?

Lassen wir zur Aufklärung die »Didaskalia« über seinen glänzendsten Auftritt, den fantastischen Lauf am 15. Februar 1824 von Frankfurt nach Hanau berichten: »Schlag 2 Uhr Nachmittags setzte er sich vor dem nahe am Allerheiligenthor liegenden Schützenhause in Gang. Schon bei seinem Austreten aus dem Hause setzte sich ihm die wogende Menschenmenge störend entgegen, allein Peter Bajus übersprang die hohe Gartenhecke und verfolgte seinen Gang auf dem Trottoir neben der Chaussee durch die zahllosen Zuschauer, die sich von den Seiten, in der Front und im Rücken zudrängten. Trotz dieser Störungen langte er 5 Minuten vor 3 Uhr in Hanau an. Am Zollhause empfing er eine Bescheinigung über seine Ankunft, trank ein einziges Glas Wein und drehte sich um, um seinen Rückgang zu beginnen. Allein die halbe Bevölkerung von Hanau war hier versammelt. Er mußte sich durchdrängen und konnte nur langsam voranschreiten. Gleiches Hinderniß traf er in dem Dorfe Dörnigheim an. Die Bauern dieses Dorfes und die Jugend wollten ihm schlechterdings nicht ausweichen, und mancher von den Jungen wurde von Bajus ergriffen und aus dem Weg geschleudert. Er war genöthigt, den Weg um das Dorf durch tiefen Koth zu machen. Als er am Hanauer Chausseehause ankam, fand er die Menschenmenge, die unterdessen aus hiesiger Stadt zusammengeströmt war, noch um vieles vergrößert, und nur mit Mühe konnte er sich durcharbeiten. Allein trotz aller Hindernisse traf er 15 Minuten nach 4 Uhr wieder im Schützenhause ein, so daß er also einen Weg von 8 Poststunden in 2 Stunden 10 Minuten bei überaus schlechtem Wege zurücklegte.«

Was für ein Lauf, was für eine Leistung, die noch heute von großem Wert sein dürfte. Im Sportkreis Darmstadt hat man nachgeprüft und nachgemessen. Danach lief Peter Bajus zweimal 17,323 Kilometer, den ersten Teilabschnitt in 55 Minuten, was eine 10 000-Meter-Zwischenzeit von 31:45 Minuten ergibt. Welche Herausforderung auch für unsereins 170 Jahre danach. Ich habe mir fest vorgenommen, diese Route des Peter Bajus einmal abzulaufen. Vielleicht kann ich seine Zeit unterbieten, aber sicher bin ich mir nicht. Vergleiche ich diese Streckenlänge über 17,3 Kilometer einmal mit meinen Trainingsläufen – nur im Training absolviere ich so lange Distanzen – dann erreiche ich dieses Ergebnis nur mit äußerster Anstrengung und nur unter guten Bedingungen.

Erst über hundert Jahre später war einer schneller: Paavo Nurmi, der finnische Wunderläufer. 1928 gewann er olympisches Gold über 10 000 Meter in 30:18,8 Minuten. Heute laufe ich 13:09,08 Minuten über 5000 Meter mit allen Möglichkeiten zum Trainieren. Bajus aber war Knecht und Tagelöhner, ackerte zehn Stunden am Tag und mehr. Wir laufen heute auf Kunststoffbahnen mit immer besseren Belägen, beim Wettkampf stört niemand unsere Kreise. Bajus kämpfte sich durch »Koth« und Schlamm, über Ochsenkarrenwege mit Schlaglöchern und durch »wogende Menschenmengen«. Wir rennen mit den besten Spikes, die man auf dem Markt bekommen kann. Bajus bewegte sich in Straßenschuhen, notfalls in Socken oder barfuß fort.

Welten also dazwischen, und dennoch sind die Parallelen unverkennbar. Die Menge, die aus den Häusern strömt, um zuzuschauen – hat sie nicht dieselben Motive wie heute? Waren die Menschen in Frankfurt 1824 andere als jene beim Berliner Istaf 1994, bei meinem Auftritt? Ich hatte den Eindruck, das ganze Stadion ist voller Menschen, die nur auf den 5000-Meter-Lauf warten. Noch nie hat mich eine Menge mit »Baumann-Baumann«-Sprechchören aus den Katakomben zurückgeholt. An diesem Abend, nach meinem Sieg, war es so. Eine unheimlich sympathische Geste des Publikums, und eine ganz neue Erfahrung für mich. Also, wo ist der Unterschied, wenn halb Hanau Peter Bajus sehen will, seinen Namen ruft, seinen Kampf gegen die Uhr zum Volksfest macht? Die Menschen wollten damals wie heute etwas Außergewöhnliches, einen exotischen Menschen erleben, den Daumen nach oben (schafft er's?) oder nach unten (schafft er's nicht?) halten.

Ist es etwas anderes, wenn ein Bajus sich auf den Weg macht, dem Publikum seine Kunst zu zeigen, als wenn ich in Karlsruhe einen Rekordversuch wage? Ihm hätte DLV-Leistungssportchef Frank Hensel angesichts der begeisterten Massen wahrscheinlich auch ins Ohr geflüstert: Schau' Peter, all' die Leute, ein echtes Bajus-Festival. Aber auch für ihn galt wie für jeden Leistungssportler heute: Vom Höhenflug bis zum Absturz ist alles möglich. Ich bin mir allerdings sicher, mein bewunderter Vorfahr hat sich an diesem 15. Februar bestens gefühlt, er wollte diese Wahnsinnszeit schaffen. Aber er hätte auch scheitern können, sehr zur Freude jener, die ihn verlieren sehen wollten. Das waren sicherlich nicht wenige, auch schon zu dieser Zeit. Ich möchte nicht wissen, wieviele es mir es gönnen würden, endlich mal eins ordentlich auf die Mütze zu bekommen. Aber Bajus war in Topform, er hätte die Gesamtzeit wohl noch unterboten, wenn er bei der Hälfte nicht ein Glas Wein getrunken hätte. Davon hätte ich ihm, nach heutigen ernährungswissenschaftlichen Erkenntnissen, abgeraten.

Sicher ist soviel: Diese läuferische Großtat war sein endgültiger Durchbruch. Vorher wußten sie nicht einmal seinen richtigen Namen. Stoll oder Stolz wurde er wechselweise genannt. Vorher bestritt er für ein paar Kreuzer, die ehrbare Bürgersleute auf ihn gewettet hatten, kleinere Rennen. Manchmal sogar gegen Pferde. Vorher war er immer noch der arme Schlucker, der eben hauptsächlich Botengänger war, und dabei hatten die Menschen übersehen, daß das im Grunde die ideale Basis für seine spätere Karriere war.

Botengänge als Ausdauertraining, das war's, denn darüber wußte Bajus genau, wann er in Form war und wann nicht. Natürlich hat er das nicht im Bewußtsein geplanten Trainings erledigt, aber er hat dabei ein Gespür für Kraftaufwand und Zeit entwickelt. Mußte er in ein benachbartes Dorf, konnte er mit Sicherheit sagen, wie schnell er sein würde. Und pfiffig wie er war, hat er seinem Auftraggeber gewiß eine langsamere Zeit angegeben, um in aller Ruhe seine Aufgabe erfüllen zu können. Ähnlich einem gemächlichen Dauerlauf, den ich zwischen harten Trainingseinheiten einlege. Oder er beeilte sich, womit er meinen Tempoläufen nahekam. Dann blieb ihm sogar noch etwas Zeit, um sich für eine kurze Weile auf die Wiese zu legen, während ihn sein Brötchengeber noch unterwegs wähnte.

So genau wußte das damals keiner, aber mit jedem Schnellgang wuchs eben der Bedarf an Informationen. In ersten Zeitungsnotizen tauchte Bajus als »Der fliegende Mensch« auf, lokalpatriotisch gesinnte Blätter wie der Darmstädter »Spiegel« beklagten, in England wäre er die Krone aller Läufer, nur im eigenen Lande gelte der Prophet nichts, aber letztlich mangelte es einfach an Stoff über das unerkannte Wunderkind. Ich behaupte mal, daß viele »Reporter« damals nach demselben Motto gehandelt haben wie heute: Die beste Geschichte ist die erfundene, denn die hat man exklusiv.

Die Frankfurter »Korrespondenznachrichten« berichteten zum Beispiel folgendes: »Der Anfang seiner Celebrität wird etwas verschieden erzählt, doch von den meisten dahin einstimmig, daß er in ein Wirtshaus bestellt ward, um einen Botengang nach einem drey Viertelstunde entfernten Ort und zurück zu thun, daß sich der Absender darauf zu einem kleinen Frühstücke niedergesetzt habe, ehe er noch fertig gewesen, sey Peter Bajus wieder eingetreten, der Mann habe ihn über seine Saumseligkeit zur Rede gestellt, er habe keine Zeit zu verlieren und solle sich gleich auf den Weg machen. Peter Bajus habe darauf zur Verwunderung der Anwesenden die Vollendung seines Auftrages durch einige Zeilen schriftlicher Antwort dargethan.«

Mit seinem Frankfurt-Lauf wurde Bajus eine Berühmtheit, und damit änderte sich auch die Geschäftsgrundlage. Die Kleckereien hatten ein Ende, jetzt handelte der »Held mit der Athletenkraft« wie ein Profi. Hier ein kleines Einlegerennen zwischen Mainz und Bodenheim, dort ein Schnellgang nach Vilbel, um »angesehenen Personen« zu beweisen, daß er eine leicht ansteigende Strecke ebenso schnell zurücklegen kann wie eine ebene. Und immer, so darf vermutet werden, gegen ein Entgeld. Wenn er noch Botengänge erledigte, heute würde man wahrscheinlich sagen, seinen Halbtagsjob, dann nur, um sie als Training oder Ruhepausen zu nutzen.

Jetzt wurde Peter Bajus zum Medienstar. Er wurde zu Interviews gebeten, sein »nach der Natur gezeichnetes Bild« konnte man beim Gebildeten-Magazin »Didaskalia« für zwei Kreuzer erwerben. Vielleicht war das der erste Fanartikel in Deutschland. Bajus war nun nicht mehr der tumbe Knecht, sondern ein Athlet. Er wurde nicht mehr bespöttelt, weil er nun der Unterhaltung des Publikums diente. Anekdoten aus dem Leben des berühmten Schnellfüßlers wurden ausgegraben und verbreitet. Ob das die Anfänge der Yellow Press waren?

Als kleines Beispiel sei hier der Handel mit dem Makler Bloch erzählt, bei dem sich Bajus teuer verkauft hat. Einen Sack mit fünf Simmern Wicken (etwa 125 Kilo Hülsenfrüchte) könne er ihm gewiß nicht nach Hause tragen, sprach Bloch, sich seiner Sache sicher. Und dann entwickelt sich die Geschichte, laut »Didaskalia«, folgendermaßen:

»Ei, ei schreit Alles um ihn her,
wie mag Herr Mäkler Bloch nur spassen?
Der Sack mit Wicken ist zu schwer,
den wird der Pursch wohl liegen lassen.
Mein Bajus, der es wohl gemerkt,
daß nur, um ihn zu necken, diese Frage
der Mäkler ihm gethan
sprach scheinbar gleichfalls neckend:
wenn ich's wage,

geh' ich nur unter der Bedingung dran: daß, bring' ich
glücklich ihn in eure Wohnung,
der Sack, mit dem was drin ist, zur Belohnung
mir dann für meine Mühe werde.
Und Bajus nimmt, als wär es nur gespielt,
die dritthalb Centner von der Erde,
und tritt, von vielem Volk umringt, die Bahn
mit seiner schweren Bürde an.«

Bajus erreicht das Haus des Maklers, obwohl ihn ein Führer Blochs absichtlich kreuz und quer durch das Labyrinth der Mainzer Winkelgassen lockt, und »Didaskalia« fährt fort:

»Indem nun, ob des schweren Siegs ergötzet,
Held Bajus ein die sieben Gulden streicht,
womit ihm Bloch den Wickensack ersetzet,
schreit jeder, der das echte Kunststück sah,
es hoch bewundernd, laut: Victoria«.

Hätte er seinen Ruhm nicht besser vermarkten können? Nach heutigen Maßstäben sicherlich. Vielleicht fehlten damals auch jene Steuerexperten, die ihm zur Bajus-Promotion GmbH hätten raten können. Andererseits hat er sich auch die Manager erspart, die ihm 15 Prozent Provision vom verdienten Lohn abzwacken.

So aufregend die Beschäftigung mit Peter Bajus ist, so hat sie doch auch etwas sehr Beruhigendes, eben weil mir vieles davon bekannt erscheint. Die Blitzkarriere, der Shooting-Star, die Überhöhung eines sportlichen Vorgangs und der anschließende Verriß – alles schon einmal dagewesen. Längst wird Bajus, der »merkwürdigste Schnelläufer unserer Zeit«, nicht mehr in kleinen Meldungen im Innern der Zeitungen versteckt. Jetzt steht er an erster Stelle bei den Inlandsnachrichten.

Peter Bajus kämpfte sich notfalls barfuß durch »Koth« und Schlamm, sein bestens versorgter Bewunderer kennt solche Nöte nicht. (Foto: Asics)

A star was born. Die gebildeten Bürger wollen mehr über ihn lesen. Warum sich auch immer über Kriege, Revolutionen, Feinde vor den Landesgrenzen ängstigen, wenn es jetzt positive Nachrichten gibt? Sensationen dazu. Ein Mensch schneller als ein Pferd, das interessiert auch einen Oberzeremonienmeister.

Mir kommt das irgendwo bekannt vor. Auch in der heutigen Zeit wird die Tagesschau wegen Sportveranstaltungen verschoben. Für die Lieblinge der Nation werden hunderttausende von Zeitungsseiten freigeschaufelt. Und schau einer an: Schon zu Bajus' Zeiten gab es Kritik an diesem Heldenkult, wie folgendes Gedicht (»Er, der Musen jüngstes Kind«) vom 14. März 1824 beweist:

»O Bajus edler teutscher Mann
Ich leg' zu deinen Füßen,
Mein herzliches Ergießen:
Es schwing't mein Geist sich hoch hinan,
Um trotz den schnellen Winden
Dein Dasein zu verkünden.
Ihm huldige die ganze Zunft,
Der edlen Zeitgenossen:
Wo's hoch und tief ersprossen,
Verstecke dich, du Thor – Vernunft –
Vor unserer zehnten Muse Sohn:
Er spricht der Weisheit laufend Hohn.«

Das ist, man merkt's, eine Satire auf die Verrücktheiten dieser Zeit. Erschienen in dem Blatt »Der Spiegel, Zeitschrift für Wissen, Leben und Kunst«. Kann es sein, daß die klugen Köpfe von damals eher kapiert haben, daß der Sport viel zu wichtig genommen wird? Das nur nebenbei bemerkt.

Peter Bajus ist daraus zuletzt ein Vorwurf zu machen. Er hat das Eisen geschmiedet, solange es glühte, das heißt, er hat selbstverständlich nichts dagegen einzuwenden gehabt, als ihn Großherzog Ludwig I als Hofläufer engagierte. Zu dieser Zeit war Bajus über 30 Jahre alt, also am Ende seiner Läuferkarriere. Er hatte genug verdient, so mancher Metzger an ihn 200 Wettgulden verloren. Und der Unbesiegbare hatte auch schon erfahren, wie bitter eine Niederlage schmeckt, auch wenn sie eigentlich gar keine war. Zwischen Frankfurt und Darmstadt war's, einer Strecke von 55 Kilometern. Eine Viertelmeile vor dem Ziel hatte ihn ein junger Spund herausgefordert, noch einen Wettlauf zu tun. Der Übermut, vielleicht auch der Glaube an die Unbesiegbarkeit, hatte ihn die Herausforderung annehmen – und prompt verlieren lassen. Der junge Spund war 200 Schritte eher im Ziel.

Warum also sollte er es jetzt nicht langsamer angehen lassen? Inklusive Pensionsanspruch. Noch einmal mobilisiert er alle Kräfte, um die großherzogliche Aufnahmeprüfung zu bestehen. Ein Wettrennen gegen das schnellste Pferd aus dem Marstall, von Darmstadt nach Jugenheim und zurück. Bajus gewinnt, und muß fortan nur noch dem herzoglichen Wagen vorauseilen, wenn Ludwig I der Sinn nach kleinen Ausfahrten steht. »Oft habe ich ihn noch gesehen«, erinnerte sich ein Zeitzeuge, »abends bei den Theaterfahrten in silberstrahlender, knapper Livree, einen hohen weißen Federbusch nickend auf der runden Kappe.« Der Ex-Taglöhner, aufgestiegen zur fürstlichen Showfigur.

Und hier blieb er dann, in einer guten Position bis ans Ende seiner Tage ... So hätte die Geschichte enden können, aber nicht bei Peter Bajus. Bis ungefähr 1840 blieb er Großherzoglicher Hofläufer, danach verliert sich seine Spur. Was man weiß, ist, daß er 1856 mit seiner Familie nach Amerika übergesiedelt ist. So wenig er beim Laufen mit Mittelmaß zufrieden war, so wenig war er geschaffen für ein beschauliches Beamtenleben am Hofe Ludwig I. Ein Peter Bajus hat stets nach neuen Ufern Ausschau gehalten, getrieben von einer unbändigen Ausdauer. Das macht ihn zu meinem Bruder im Geiste.

Doping – Spiel mit dem Feuer

Es war wieder einmal soweit. Isabelle Baumann mußte beruhigend auf ihren Mann einwirken. Eben war die Nachricht ins abgelegene Flagstaff gedrungen, daß die Weitspringerin Susen Tiedtke mit einer positiven Dopingprobe erwischt wurde, und damit war klar, die Leichtathletik würde erneut ihre Dopingdiskussion haben. Dieter Baumann selbst war mit dem fiesen Verdacht ins Trainingslager entlassen worden, er flüchtet sich ins weit entfernte Arizona, um sich dort den Vorwürfen zu entziehen. Nun hat das eine mit dem anderen nichts zu tun, aber der Betroffene wußte, daß alles wieder in einem großen Topf herumgerührt und über ihm und seiner Sportart ausgekippt werden würde. Aber was sollte er dagegen unternehmen? Reichte es nicht, daß er immer wieder betonte, ein sauberer Sportler zu sein?

Da nahm Isabelle ein Zuckerstückchen vom Tisch im Café Macey's und bat ihn, das Kleingedruckte zu lesen. »Denen, die dir trauen, brauchst du nichts zu erklären«, stand drauf, womit auf ein paar Quadratmillimetern Papier das ganze Problem zusammengefaßt ist. Der Olympiasieger Baumann kann tausend Ehrenwort-Pressekonferenzen abhalten, hundert Mal nach Dopingkontrollen ein »Negativ« melden – wer ihm nicht glauben will, wird es auch dann nicht tun. »Daran wirst du dich irgendwann gewöhnen müssen«, sagte sie zu ihm in ihrer nachdenklich-stillen Art, »auch wenn's schwerfällt.« In solchen Momenten würde Dieter Baumann gerne aus der Haut fahren, mit der Hand auf den Tisch hauen und lospoltern, daß sie das mit ihm nicht machen können, ausgerechnet mit ihm. Aber irgendwann kommt er dann wieder runter von seiner Palme und zeigt resignierend Einsicht: »Du hast wohl recht, Isabelle.«

Das hat sie tatsächlich, weil diese Verdächtigungen nichts Außergewöhnliches sind. Normal sogar in dem Sinne, als der Betrug durchaus gesellschaftsfähig ist. Ob das in der Politik, in der Wirtschaft oder im privaten Haushalt ist, der sein Geld vorbei am Fiskus nach Luxemburg schiebt, an Regelverstöße aller Art hat man sich gewöhnt. Warum also soll ausgerechnet der Spitzensport, in dem es längst nicht mehr nur um das »Dabeisein ist alles« geht, eine Ausnahme machen? Eine Spezialethik ausgerechnet in einem Bereich, in dem Milliarden umgesetzt und Millionen verdient werden, das ist wohl schwerlich zu erwarten.

Befördert wurde und wird diese illusionslose Betrachtung durch den Sport selbst, der viel dazu beigetragen hat, diese Annahme zu bestätigen. Athleten haben nach der Devise gelebt, sich eben nicht erwischen zu lassen, Trainer haben dem Götzen Erfolg mit fast allen Mitteln gehuldigt, trinkfeste Funktionäre darauf verwiesen, daß in unserer Suchtgesellschaft schließlich jeder irgendetwas schlucke. Skrupellose Mediziner haben Helferdienste geleistet, indem sie alles verabreichten, was schnellere Zeiten, höhere Höhen und weitere Weiten versprach. Als dann noch mit dem Zusammenbruch der DDR offenkundig wurde, daß der Sport sogar staatsplanmäßig und flächendeckend verseucht sein konnte, war es um den guten Ruf der herrlichsten Nebensache der Welt endgültig geschehen.

Nun trat allerdings etwas Erstaunliches ein: der deutsche Anti-Dopingkampf. Erschüttert durch tägliche Enthüllungen, die das verheerende Ausmaß und die katastrophalen Folgen der chemischen Manipulationen deutlich werden ließen, wachten zuerst die Sponsoren auf. Sie begriffen sehr schnell, daß ihr Geld Gefahr lief, von Sportlern verkörpert zu werden, die als Zombies in einem Zirkus auftraten, der von ihnen so nicht gedacht war. Der positive Athlet im Sinne der Dopinganalytik konnte nicht Träger eines positiven Images sein, das sie mit dem Sport transportieren wollten. Die Adressaten der Botschaft, sprich das Publikum, wären es dann irgendwann leid gewesen, sich zu fragen, in welchem Labor dieser oder jener Sieger wieder ausgekocht worden ist. Zu dieser offensichtlichen Karikatur des Sports durfte es nicht kommen. Also griff die Wirtschaft zum wirkungsvollsten aller Mittel: Sie drohte mit dem Entzug der Gelder, und damit wäre der Spitzensport am Ende gewesen.

Am schnellsten haben das die Leichtathleten kapiert und darauf reagiert. Ihr Kontrollnetz ist heute wirklich so engmaschig, daß es einem dopenden Athleten schwerfallen dürfte, über längere Zeit unentdeckt hindurchzuschlüpfen. DLV-Präsident Helmut Digel ist damit ein weiteres gelungen: Er hat es als einer der wenigen Funktionäre geschafft, dieses Bemühen um einen sauberen Sport glaubwürdig zu verkaufen. Ihm nimmt man es ab, wenn er gegen die Seuche Doping zu Felde zieht, weil er es argumentativ und nicht nur taktisch begründet. Der Soziologe weiß, daß mit der Leichtathletik langfristig Schluß ist, wenn die Eltern ihren Kindern das Kommen verbieten. Er weiß, daß der Leistungssport keine Legitimation mehr als förderungswürdiges gesellschaftliches Gut hat, wenn er nur noch eine Pharmaveranstaltung ist. Digel weiß aber auch, daß Einzelkämpfer wie er auf lange Sicht scheitern werden, wenn das Dopingproblem nur als Kontrollproblem behandelt wird. Zu lösen ist das Dilemma, wenn überhaupt, nur über eine neue Generation von Sportlern, Trainern und Funktionären, die den Regelverstoß nicht als gesellschaftlich genehmigtes Kavaliersdelikt begreifen, und damit ist es eine allgemeine Erziehungsfrage. Und dazu braucht Digel Vorbilder wie Dieter Baumann.

Insofern haben ihm jene Funktionäre einen Bärendienst erwiesen, die Anfang des Jahres 1995 eine Dopingaffäre um seinen Vorzeigeathleten entdeckt zu haben glaubten. Initiiert von dem Olympiastützpunktleiter Ulrich Eicke, der im Umfeld von Baumanns Verein Bayer Leverkusen Dopingpraktiken ausgemacht haben wollte, traten nacheinander die hochrangigsten Tugendwächter auf den Plan. Der Präsident des Deutschen Sportbundes (DSB), sein Stellvertreter und der Vorsitzende der Anti-Dopingkommission des DSB. Der neuen Erkenntnis folgend, daß man starke Worte gegen Bösewichte gerne hört, sprachen sie unisono von gravierenden Verfehlungen, obwohl Eicke keine Namen nennen konnte. Die FAZ kommentierte damals: »Sie lassen auf einem menschlich, medizinisch und juristisch diffizilen Gebiet alles im Vagen und reichern damit eine infame Mixtur aus Informationen und Spekulationen an... Was dazu führt, daß sich der Olympiasieger Baumann fast vorwurfsvoll fragen muß, ob er sich jetzt ins (schon traditionelle) Trainingslager nach Arizona zurückziehe, um vor den Dopinganschuldigungen zu flüchten. So werden unzulässige Schlüsse nahegelegt.«

Und so soll sich dann ein Athlet auf seine Saison vorbereiten, auf eine Weltmeisterschaft, nach der alle Pharisäer, im Falle des Erfolgs, zum Schulterklopfen anreisen werden. Statt in Ruhe zu trainieren, zerbricht sich jener Sportler den Kopf darüber, was er gegen die Verdächtigungen und Verdächtiger tun kann. Er läßt sich seine Unbescholtenheit von Dopinganalytiker Manfred Donike schriftlich bestätigen, muß sich aber auf der anderen Seite von dem Molekularbiologen Werner Franke sagen lassen, daß das von Donike angefertigte Steroidprofil nicht der Weisheit letzter Schluß ist. Er überlegt sich gerichtliche Schritte gegen die Verdächtiger und weiß zugleich, daß sie sich nicht stellen werden. Was bleibt, ist die Mitteilung des DSB, man habe die Ermittlungen mangels beweiskräftiger Aussagen eingestellt. Was weiter bleibt, ist ein bitterer Baumann.

Doping ist ein verdammt heikles Thema. Jeder fürchtet es. Die Funktionäre, die Trainer und Ärzte, die Sponsoren und wir Sportler. Die einen bangen um ihre Legitimation, die anderen um ihre Geheimnisse, die nächsten um ihren Ruf und wieder andere um ihre Geschäfte. Wer sich in der Beliebtheitsskala stark nach unten verbessern will, braucht nur dieses Reizthema auf die Tagesordnung zu setzen, und schon steht er voll unter Beschuß.

Ich erinnere mich noch genau, welche Empörung ich bei meinem Verband mit einem Interview in der »Stuttgarter Zeitung« ausgelöst habe, in dem ich einfach ein paar Wahrheiten aufgezählt habe. Zu lasche Kontrollen, zuviele Schlupflöcher für Betrüger, eingemeindete Ost-Trainer, die zu 80 Prozent mit Dopingmitteln gearbeitet haben. Alles nachzulesen in dem verdienstvollen Buch von Brigitte Berendonk (»Doping-Dokumente – von der Forschung zum Betrug«, Heidelberg, 1991). Ich sei sicher, habe ich damals im Juni 1991 gesagt, daß dies die Leute aus der Ex-DDR in irgendeiner Form wieder versuchen würden, weil sie gar nicht wüßten, wie sie mit sauberen Athleten umgehen sollen.

Die Folge war nicht etwa, daß man sich inhaltlich mit mir auseinandergesetzt hätte. Nein, im Gegenteil. Die Herren haben allen Ernstes darüber nachgedacht, ob sie mich, den Nestbeschmutzer, für die Weltmeisterschaft 1991 in Tokio sperren sollten. Unbotmäßigkeit gehört schließlich bestraft – so denken Bürokraten seit Jahrhunderten. Ein Jahr später schreibt der renommierte Leichtathletik-Experte Robert Hartmann in der »Weltwoche« folgendes: »Nachdem Baumann Olympiasieger geworden war, saßen ein paar deutsche Bundestrainer zusammen und zerrissen sich die Mäuler.

Der Baumann, gaben sie sich in ihrer konspirativen Vertrautheit sicher, müsse ein neues Dopingmittel haben. Und das, weil er höchstens 140 Kilometer in einer Woche zurücklegte.« Sie hatten sich längst zu 200-Kilometer-Umfängen verstiegen.

Solche Schlammschlachten verfolgen mich bis in meine Träume: Eines nachts wache ich schweißgebadet auf. Der DLV hat mich, welch' niederträchtiger Plan, für den Weitsprung nominiert. Jetzt steht Carl Lewis neben mir. Die Anlaufbahn ist voller Wurzeln, und Carl grinst hämisch. Ich renne voller Angst und Wut aus dem Stadion. Du bist doch der Läufer, hämmere ich mir ein und schrecke hoch. Gott sei Dank, ich bin noch Läufer.

Vier Jahre nach meiner Kritik muß ich ganz nüchtern feststellen, daß alle diese Trainer, die damals übernommen worden sind, heute noch im Amt und Würden sind. Womit ich nicht behaupte, daß sie weiterhin dopen. Mit diesem Hinweis will ich den DLV lediglich daran erinnern, daß er auch eine Fürsorgepflicht gegenüber seinen Athleten hat.

Merkwürdige Erfahrungen habe ich auch mit einer Kolumne während der Leichtathletik-Weltmeisterschaft 1993 in Stuttgart gemacht. Darin hatte ich meine Eindrücke vom 10 000-Meter-Lauf der Frauen wiedergegeben und beschrieben, wie die Chinesinnen roboterähnlich um die Bahn gezogen sind und alles in Grund und Boden gerannt haben. Dabei hatte ich Zweifel angemeldet, daß diese Leistungen mit normalem Training möglich sind. Ich hatte aber auch betont, daß ich einzelne Athleten niemals an den Pranger stellen würde. Was passiert? Im offiziellen Verbandsorgan »Leichtathletik« werde ich als Lügner und Volksverhetzer gebrandmarkt, der das

Publikum bewußt zum Pfeifen anstiftet, wenn eine Chinesin als Siegerin durchs Ziel läuft. Ihre überragenden Leistungen seien vielmehr auf knüppelhartes Training von Wundertrainer Ma Junren und seinen täglich verabreichten Becher Schildkrötenblut zurückzuführen.

Zwei Jahre später lese ich im Fachmagazin »Runner's World«, daß General Ma seine »Armee« zu prügeln pflegt, wenn sie nicht fix genug neben seinem Motorrad herhechelt. Ich erfahre weiter, daß sie in der WM-Vorbereitungsphase keine Dopingkontrolle zu überstehen hatte, wohl aber im Jahr darauf. Und schau an, 1995 lieferten die chinesischen Frauen Resultate ab, die Welten von ihren Fabelrekorden des Vorjahres entfernt waren. Nur ein Beispiel: Bei ihrem Weltrekord von 1993 legte Yunxion Wang die zweite Hälfte in 14:26,06 zurück. 1995 lief sie die 5000 m in 15:39,18 min.

Beeindruckend auch der Fall Krabbe. Keine Bange, ich will diese unendliche Geschichte nicht noch einmal aufrollen. Ich will nur kurz daran erinnern, wie furios Anwalt Reinhard Rauball seine Mandantin 1992 verteidigt hat, während sie schon wieder ein neues Dopingmittel geschluckt hatte. Ich finde das einfach phantastisch: Du stehst vor Gericht, beteuerst deine Unschuld und hast am Morgen noch Clenbuterol eingeworfen. Nun mag dies mit dem fehlenden Unrechtsbewußtsein in der ehemaligen DDR zusammenhängen, in der Doping von Staats wegen verordnet wurde. Aber was ist davon zu halten, wenn Krabbes verantwortlicher Trainer Thomas Springstein zwei Jahre später erklärt, der Beschiß gehöre eben dazu. »Wenn man zur Weltspitze gehören will«, so Springstein 1994 im »Stern«, »kommt man nicht ohne leistungsfördernde Zusätze aus.« Frank und frei erzählt der Mann, man schöpfe »halt alle Möglichkeiten aus«, er preist den alten DDR-Sport (»ich fand dieses System perfekt«) und kündigt nun an, er werde jetzt wieder ins Trainergeschäft einsteigen. Wo regen sich die kritischen Stimmen? Wer weist die betroffenen Läuferinnen darauf hin, daß sie ihre Glaubwürdigkeit mit dem ersten Trainingstag unter Tricky Springstein aufs Spiel setzen? Tu' ich's, bin ich wieder der Brunnenvergifter, der unverbesserliche Ossi-Hasser, der erneut einen Keil zwischen Ost und West treiben will. Hauptsache, das Feindbild stimmt.

Wann begreifen diese Menschen endlich, daß es mir nicht um Abgrenzung geht. Ich will keine neue Mauer hochziehen, ich will eine Leichtathletik, von der die Menschen begeistert sind, weil es die schönste Sportart der Welt ist. Doch was kommt als nächstes um die Ecke? EPO, die neue Wunderdroge, und ihr Freundeskreis, der diesmal im Westen sitzt. Das Kunstprodukt EPO aus der Gentechnik ist der exakte Nachbau eines körpereigenen Hormons namens Erythropoietin, das die Bildung roter Blutkörperchen anregt. Diese transportieren den eingeatmeten Sauerstoff bis in die letzten Verästelungen der Muskelfasern, wobei Sportmediziner einen um bis zu 30 Prozent verbesserten Wert gemessen haben. Dies lasse eine »signifikante Leistungssteigerung« erwarten, die »entscheidend für einen Wettkampferfolg sein dürfte«, schreibt beispielsweise eine deutsche Sportmedizinergruppe in der Zeitschrift »Leistungssport« (5/94). EPO kann freilich noch mehr. Es ersetzt das Blutdoping, das Training in der Höhe oder in der Unterdruckkammer, und es hat den Vorteil, daß es bis heute nicht zuverlässig nachgewiesen werden kann. Deshalb befürchte ich, daß EPO zur neuen Seuche im Hochleistungssport wird.

Ich weiß, daß viele Sportler mit ihrer Gesundheit spielen, wenn es um den Sieg geht. Aber vielleicht nützt es ja noch etwas, wenn man den EPO-Fans sagt, daß sie im Zweifel auch ihr Leben riskieren. Das Präparat ist zwar ein Segen für einen Nierenkranken, dessen Blutarmut damit schnellstens ausgeglichen werden kann. Bei einem gesunden Athleten kann dieselbe Dosis jedoch direkt ins Jenseits führen, weil Milliarden zusätzlicher roter Blutkörperchen seinen Lebenssaft verklumpen lassen. Statt Blut fließe dann Schlamm in den Adern, berichten Experten, was gerade bei Ausdauersportlern verheerend sein kann. Ihr Flüssigkeitsverlust dickt das Blut noch stärker ein. Bisher vermutete Bilanz: 18 Tote bei den Radfahrern. »Diese Menschen legten sich einfach hin und starben«, sagt der amerikanische Sportarzt Randy Eichner. Kein Wunder, daß seriöse Sportmediziner ihre Berufskollegen eindringlich warnen: Kein EPO verschreiben, keine Hilfe bei der Beschaffung, keine Spritzen setzen.

Umso bestürzter bin ich über Professor Joseph Keul, der laut »Spiegel« vom Juni 1991 erklärt hat, dieses Teufelszeug sei »bei richtiger Anwendung ungefährlich« und könne »das Höhentraining durchaus ersetzen«. Dieser Freiburger Ordinarius ist ja nicht irgendwer. Er ist als Mannschaftsarzt bei jedem Daviscupspiel dabei, dekorativ immer im Schwenkbereich der Kameras, was ihm PR-technisch gesehen gegönnt sei. Was für mich viel schwerer wiegt, ist die Tatsache, daß er als leitender Olympia-Arzt ungleich mehr Verantwortung trägt. Bei Olympischen Spielen hat er nicht nur ausgebuffte Profis zu betreuen, sondern junge Athleten, die auf seine Kompetenz und Integrität vertrauen. Ein Mann wie Keul hat auch eine Verantwortung gegenüber der

Öffentlichkeit. Die Eltern wollen doch wissen, ob sie ihre Kinder zum Leistungssport schicken können oder nicht. Was würde ich denn als Vater machen, wenn ich solche Aussagen höre? Kann ich Eltern glaubhaft darlegen, daß Sport im Verein am schönsten ist, wenn ich hier ein bißchen EPO gebe, selbstverständlich medizinisch streng kontrolliert, dort eine Infusion ansetze, damit das Blut wieder dünner wird. Zu Risiken und Nebenwirkungen fragen sie ihren Arzt oder Apotheker. Das ist ein Spiel mit dem Feuer. Fakt ist doch, daß EPO ein Medikament aus der Intensivmedizin ist, eine Hilfe für Schwerkranke also. Bisher habe ich immer gedacht, Sport sei eine Spielwiese für Gesunde. Aber vielleicht ist er auch nur ein Gesundbrunnen für leistungsbesessene Ärzte.

Fakt ist auch, daß Verharmloser der grassierenden Dopingmentalität Vorschub leisten. Ich kann und will hier nicht beziffern, wie hoch der Prozentsatz der Manipulateure ist. Ich weiß auch nicht, ob DLV-Präsident Helmut Digel recht hat, wenn er nur 75 Prozent seiner Athleten über den Weg traut. Was ich sehe, und das stimmt mich zuversichtlich, ist eine neue Generation von Sportlern, die mit der Problematik offensiv umgeht. Sie will Kontrollen, und sie will eine saubere Leichtathletik. Sie sind für mich Hoffnungsträger, und deshalb möchte ich sie mit meiner eigenen Philosophie ermuntern, dabei zu bleiben. Selbst in den dunkelsten Stunden meiner Verletzungen habe ich nicht daran gedacht, mit der Chemie nachzuhelfen. Ich hätte es akzeptiert, nicht mehr auf die Beine zu kommen, schließlich gibt es schlimmere Dinge im Leben, als keinen Sport mehr treiben zu können. Ich lebe ja nicht, um zu laufen. Ich lebe um zu leben. Wozu also die Droge?

Mir ist klar, daß diese Einstellung viel Kraft kostet, weil sie gegen den Zeitgeist läuft. Wenn der Steuerbetrug zum Kavaliersdelikt wird, die Glückspille zum täglichen Brot des Managers und die Geschwindigkeitsübertretung zum Recht für freie Bürger, dann liegt die Latte der Moral auch für den Sportler nicht sehr hoch. Deshalb wehre ich mich auch dagegen, mit Fingern auf Athleten zu zeigen, die erwischt worden sind. Sie sind letztlich, bis auf wenige dreiste Ausnahmen à la Krabbe, die armen Hunde, die nicht nur die Gesundheitsrisiken, sondern auch die Strafen tragen müssen. Wer nur sie im Visier hat, ist entweder ein Heuchler oder Ignorant, weil er das Umfeld nicht sieht. Hier gilt es primär anzusetzen, bei den Dealern, Trainern und Medizinern. Ihnen muß es an den Kragen gehen. Warum folgt man nicht dem Beispiel Kanada und USA und stellt den Handel und die Verabreichung von Dopingmitteln unter das Rauschmittelgesetz? Wenn überhaupt, dann ist die Dopingmafia nur so wirksam zu bekämpfen.

An dieser Stelle möchte ich das Beispiel Heike Drechsler nennen. Wer hat nicht alles auf dieser Frau herumgehackt? Zu DDR-Zeiten voll im Doping-Staatsplan integriert, politisch zuverlässig als SED-Aktivistin, Stasi-Vorwürfe – das Feindbild war perfekt. Was sollte sie dagegen unternehmen? Springt sie weit, tut sie dies immer unter Verdacht, springt sie kurz, wird Entzug vermutet. Ganz aufgeklärte Geister im Verband empfehlen ihr deshalb, einfach zu bekennen, wie es damals war. Als Opfer skrupelloser Trainer, Ärzte und Funktionäre könne sie sogar mit einem Sympathiebonus rechnen. Alles prima, nur was hätte es für sie für Folgen? Sie könnte ihre Spikes an den Nagel hängen, wenn es Herrn Nebiolo, dem Präsidenten des Weltverbandes IAAF, gerade opportun erschien, Heike Drechsler zu sperren. Auf internationaler Ebene gibt es nämlich keine Amnestie, nur auf nationaler, und damit wäre für die 30jährige Athletin die Karriere zuende. Sie würde quasi stellvertretend für ein Unrechtssystem bestraft, dessen Repräsentanten man in beträchtlicher Zahl im wiedervereinigten Sport mit Pöstchen versorgt hat. Warum belassen wir es nicht einfach dabei und sagen: Heike Drechsler ist auch bei einem guten Kontrollsystem absolute Weltklasse.

Der DLV mit Helmut Digel an der Spitze darf tatsächlich für sich in Anspruch nehmen, mit seinem Kontrollsystem Vorreiter zu sein. Wenn andere Verbände, voran der reiche und mächtige Fußball, mit ähnlicher Konsequenz handeln würden, sähe die Welt schon etwas freundlicher aus. Eine Frage am Rande sei mir hier gestattet: Was ist denn aus dem Fall Maradona geworden? Eine Sperre. Mehr nicht. Sein bei der Weltmeisterschaft 1994 eingeworfener Ephedrin-Cocktail war ein individuelles Vergehen eines exzentrischen Stars und damit abgehakt. Hat irgendjemand den Fußball generell in Frage gestellt? Was wäre in der Leichtathletik wieder losgewesen, wenn sie, vergleichbar, Carl Lewis am Kanthaken gehabt hätten? Hat irgendjemand den Fußball als durchseuchte, moralisch verkommene Veranstaltung angeprangert? Hat der Weltverband FIFA, hat der Deutsche Fußballbund einschneidende, strukturelle Maßnahmen angekündigt? An mein Ohr ist davon nichts gedrungen. Kann es sein, daß die Medien dort, wo viel Geld im Spiel ist, mit zweierlei Maß messen?

So gesehen sind Helmut Digel, sein Sportwart Rüdiger Nickel und Leistungssportchef Frank Hensel Rufer in der Wüste. Sie haben es immerhin geschafft, ein Kontrollsystem aufzubauen, das den Namen verdient. Ich wage mal die Behauptung, daß es zumindest schwierig ist, unbemerkt durch dieses Raster zu schlüpfen. Die Zeiten sind in der Tat vorbei, in denen ich mit Fug und Recht behaupten konnte, es sei relativ leicht, um die Kontrollen herumzukommen. Das war 1991 und noch zu Zeiten von Digels Vorgänger Helmut Meyer, der nach eigener Aussage, zum Beispiel in der Stuttgarter Zeitung vom Dezember 1992, Doping lange Zeit als Kavaliersdelikt betrachtet hat. Heute haben wir im DLV eine Anti-Doping-Koordinationsstelle, die dafür sorgt, daß die Kontrolleure zu jeder Tages- und Nachtzeit auf der Matte stehen, ob das nun in Flagstaff, St. Moritz oder Herrlingen ist. Mit Anmeldezeiten, die so kurz sind, daß man selbst als weltmeisterlicher Urinpanscher in Verdrückung gerät. Der Laie muß sich in diesem Zusammenhang auch vorstellen, wie stressig es für die Sportler ist, die dopen oder dopen wollen und jederzeit damit rechnen müssen, daß sie geoutet werden. Diese psychische Belastung muß für das Training kontraproduktiv sein, weil sie etwas ganz entscheidendes verhindert: Ruhe. Nehmen wir einmal die EPO- und Blutdoper aus, die keine positiven Proben zu befürchten haben, dann dürfte diese Angst eine echte Hemmschwelle sein.

Gesuchte Schlagzeile: Baumann gedopt

Baumann gedopt. Welch' eine Schlagzeile. Welch' eine Auflage. Manchmal habe ich den Eindruck, als würde die halbe Welt nur darauf warten. Der populärste deutsche Leichtathlet – ein Betrüger. Ausgerechnet dieser Baumann, der selbsternannte Saubermann. Den Müsli-Mann markieren und statt Körnern Anabolika einwerfen. Ausgerechnet dieser Baumann, der jedem, der es hören wollte oder auch nicht, erklärt hat, bei ihm wären die Kontrolleure zu jeder Tages- und Nachtzeit willkommen. Der sie immerzu gefordert hat. Jener Baumann, der selbst in seinen Trainingslagern, und seien sie noch so weit entfernt, nach den Urintestern verlangt hat, wenn sie der Verband nicht geschickt hat. Ausgerechnet die Mutter Teresa der Leichtathletik, die die Funktionäre, Trainer, Mediziner immer wieder daran erinnert hat, daß Doping der Tod des Sports ist. Und jetzt – das selbsternannte Denkmal der Glaubwürdigkeit ist vom Sockel gestürzt. Der letzte Mohikaner vom Stamme der sauberen Sportler ist tot.

Dieses Szenario ist mir durch den Kopf gegangen, als ich wieder einmal in der Gerüchteküche gegart wurde. Der erste Versuch war noch harmlos. Nach den Olympischen Spielen 1992 hatte mich ein Anonymus bezichtigt, Kokain geschnupft zu haben. Pflichtgemäß wurde die Staatsanwaltschaft aktiv und forderte mich brieflich auf, dazu Stellung zu beziehen. Ich habe die Angelegenheit damals meinem Anwalt übergeben, der diesen hanebüchenen Vorwurf schnell aus der Welt schaffen konnte. Aber ich habe dabei immerhin soviel gelernt: Junge, du hast nicht nur Fans.

Der zweite Fall war wesentlich schwieriger zu fassen, weil er in einem Nebel von Verdächtigungen versteckt war. Ich will ihn genauer beschreiben, um damit einmal aufzuzeigen, daß Sportler nicht nur Täter, sondern auch Opfer sein können. Daß sie zum Spielball von Interessen werden, denen sie hilf- und schutzlos ausgeliefert sind, weil ihnen im Zweifel immer die Betrugsabsicht unterstellt wird.

Begonnen hatte die »Affäre« im Dezember 1994, als der frühere Kanu-Olympiasieger und heutige Olympiastützpunktleiter Uli Eicke dunkel andeutete, wir hätten in Deutschland ein Dopingproblem. Bestimmte Trainingspläne liefen »nur mit Doping rund«. Namen nannte er nicht. Der Präsident des Deutschen Sportbundes (DSB), Manfred von Richthofen, sprach sofort von »Indizienketten« und »gravierenden Hinweisen auf Verfehlungen«.

Im März 1995 präzisierte Eicke seine Vorwürfe insoweit, als er erklärte, die großen Vereine im Einzugsgebiet seines Kölner Stützpunktes hätten seine sportmedizinischen Angebote nicht angenommen. Insbesondere die Trainer von Bayer Leverkusen sperrten sich gegen eine Zusammenarbeit, worauf sich sein Verdacht begründe. Damit war ich, als Vereinsmitglied von Bayer Leverkusen, zum ersten Mal auf das Spekulationskarussell gesetzt worden, wenn auch noch nicht namentlich erwähnt.

Als Eickes Kronzeuge fungierte der Leverkusener Langstreckenläufer Walter Ewen, ein 29jähriger Hobbyläufer, der in seinem Landesverband an 23. Stelle der

Bestenliste über 10 000 Meter auftaucht. Er soll im Beisein Eickes massive Vorwürfe gegen die Vereinsführung von Bayer erhoben haben. Von den spektakulären Attacken blieb eine eidesstattliche Versicherung, in der Ewen beteuert, den Klub nie des Dopings bezichtigt zu haben.

Als nächstes trat der Orthopäde Alexander Stohr auf den Plan. Er hatte für Eicke das »Sportmedizinische Institut« in Köln aufgebaut, das 1992 nach kaum einjährigem Betrieb seine Pforten schließen mußte – angeblich, weil die Leverkusener Athleten bewußt ferngehalten worden seien. (Eicke wurde damals vorgeworfen, mit dieser Pleite Steuergelder in sechsstelliger Höhe verschwendet zu haben, er blieb aber im Amt.) Orthopäde Stohr vermutete unlautere Absichten dahinter, nachdem ihn Leverkusener Leichtathletik-Trainer gefragt hätten, ob er auch »für unterstützende Mittel zu haben« sei und er dies abgelehnt habe. »Meine Einstellung, Gesundheit gehe vor sportlichem Erfolg, sei nicht zu akzeptieren«, so wurde Stohr vom Sportinformationsdienst (sid) zitiert. Im übrigen seien in diesem Verein ohnehin nur Dieter Baumann, Heike Henkel und Paul Meier wichtig. Da war ich also wieder mittenmang dabei, ohne daß einer der Beteiligten auch nur ein Wort mit mir geredet hatte.

Nun hatte der Fall offensichtlich eine solche Dimension erreicht, daß DSB-Chef Richthofen seine Anti-Dopingkommission in Marsch setzen mußte. Ihr Leiter, der Freiburger CDU-Politiker Hans Evers, lud Eicke zur Anhörung, deren Termin zunächst um eine Woche verschoben wurde, weil der Vorgeladene mit dem »Stern« vereinbart hatte, daß sein Interview vorher erscheinen mußte. In diesem Gespräch sagte Eicke dasselbe wie bei der Anhörung. Er wolle Roß und Reiter nicht nennen, er wolle ein funktionierendes Kontrollsystem und die Athleten daran erinnern, daß sie eine Bringschuld hätten.

Die Medien und die »big names«: Auch für die wildesten Dopingspekulationen müssen Heike Henkel und Dieter Baumann den Kopf hinhalten. (Foto: Kurt Lauber)

Auf der anschließenden Pressekonferenz betonte Evers, Eicke habe »entscheidende Konturen zum Gesamtbild des Doping geliefert«, wenn sich das alle bestätige, dann liege ein »aufsehenerregender Dopingfall« vor. Daß er bei Bayer Leverkusen angesiedelt sein könnte, mochte er zumindest nicht ausschließen, obwohl Kronzeuge Alexander Stohr seine Äußerungen inzwischen komplett zurückgezogen hatte. »Ich habe das so nie gesagt«, gab er dem Bayer-Anwalt zu Protokoll. Doch was soll's, DSB-Vize Ulrich Feldhoff notierte »schlüssige Hinweise« und prophezeite schon Auswirkungen auf die Olympischen Spiele in Atlanta. Die Agenturen berichteten, so bekannte Aktive wie Baumann und Henkel seien mit den Aussagen von Eicke »in Verbindung gebracht worden«. Damit war mir klar, daß ich zur Zielscheibe geworden war. Jetzt wollte man big names hören.

Mein Gespräch mit Präsident Helmut Digel, der mich morgens um sieben Uhr nach einer schlaflosen Nacht aus dem Bett geklingelt hat, brachte wenig Licht ins Dunkel. Digel reportierte sein erregtes Telefonat mit Evers, der ihm zunächst gar keine Auskünfte geben wollte. Erst auf verschärftes Nachfragen habe der Freiburger Jurist erklärt, er könne nicht bestätigen, daß es sich um Leichtathleten handle. Digel hat das nun so interpretiert, daß seine Leute aus dem Schneider wären. Man kann das auch anders auslegen: Es kann sein, daß Leichtathleten involviert sind, aber Evers darf es nicht sagen. Der Verdacht war nicht ausgeräumt, ich wußte, ich würde weiter im Visier bleiben, was sich später auch bewahrheitet hat.

Zwischendurch wurde das Stück mit den Blutfettwerten gespielt. Uli Eicke wollte herausgefunden haben, daß sie ein Indikator für Hormondoping sein können. Die Basis für diese Erkenntnis bildete eine Studie von Professor Wildor Hollmann, der eine Handvoll Anabolikaschlucker unter Bodybuildern auf ihr Blutfett hin untersucht hatte. Ihre außergewöhnlich niedrigen Blutfettwerte bestärkten den 70jährigen in der Annahme, daß über Bluttests ein »hinreichender Verdacht« auf Hormondoping zu konstruieren wäre. Logisch, daß damit wir Langstreckenläufer, die Bleistifte von der Anti-Fettfraktion, prinzipiell verdächtig waren. Da Eicke insbesondere die Leverkusener Sportler im Auge hatte, durfte ich mich also wieder betroffen fühlen, zumal auch Hollmann mich als potentiellen Anwender nicht definitiv ausgeschlossen hat. Welch' eine Wissenschaft: Ohne auch nur ein Tröpfchen Blut von mir analysiert zu haben – Blutbilder von mir gibt es nur in Ulm und Tübingen – werden Aussagen von solcher Tragweite gemacht. (Schön, daß dieser Herr Hollmann zum Vorsitzenden der Deutschen Olympischen Gesellschaft gewählt worden ist. Damit fallen mir die Absagen leichter, wenn diese Organisation für ihre Fairplay-Kampagne wieder einmal einen Promi braucht.)

Was schert es diese so selbstlosen Aufklärer im Dopingkampf, wenn wirkliche Fachleute diese Theorie als wissenschaftlichen Unsinn entlarven? DLV-Arzt Manfred Kindermann erklärte, Hollmann habe sich »nie in diese Problematik eingearbeitet«. Dopinganalytiker Manfred Donike bezeichnete die Äußerungen als »vage Verdachtsgebilde«, der renommierte Molekularbiologe Werner Franke hielt sie für »sehr unsolide«, weil viele unterschiedliche Parameter auf den Cholesterinspiegel einwirken können. Durch das harte Training ist meiner beispielsweise niedrig. Bin ich also gedopt? Ein Kugelstoßer, der ein fettes Steak nach dem anderen verdrückt, hat hohe Werte. Der ist also nicht gedopt? Manchmal denke ich wirklich: Die Jungs haben einen Sprung in der Schüssel.

Doch das absurde Theater spielt leider im richtigen Leben. Was passiert mir zum Beispiel bei der Cross-Weltmeisterschaft im März 1995 in Durham? Werner Damm vom Ersten Deutschen Fernsehen fragt mich, ob es stimmt, daß ich im Trainingslager in Flagstaff/Arizona untertauchen will. Es gebe ja diese Gerüchte ... Daß ich seit sieben Jahren dorthin fahre – was kümmert es ihn? Würde ich ihm jetzt grob kommen, hieße es gleich, ach guck' der Baumann, ist der aber nervös. So bleibt mir nur die resignierte Gegenfrage: Mensch Damm, was habe ich nur falsch gemacht, daß du mir nach den zehn Jahren, die wir uns kennen, solche Fragen stellst?

Wie immer ich mich verhalte, ich werde in diese permanente Auseinandersetzung gezwungen, ob ich es will oder nicht. Es ist leichter gesagt als getan, hier ganz souverän zu handeln, frei nach dem Motto: Was juckt es die Eiche, wenn sich die Sau dran kratzt. Ich habe diese Momente, in denen mir die Richthofens, Eickes und Feldhoffs kreuzweise den Buckel runter rutschen können. Dann kommen aber wieder die Tage, an denen ich mich tierisch darüber aufrege, daß diese Funktionäre ihr fieses Spiel mit mir treiben können, ohne daß ich mich wirklich wehren kann. (Ich bitte, mir es nicht zu verübeln, wenn ich an dieser Stelle Sympathie für Kanzler Kohl bekunde. Sein ohnmächtiges Anrennen gegen die Tomatenwerfer von Halle hat mir gezeigt, daß selbst Elefanten manchmal die Souveränität verlorengeht.)

Machen wir doch einmal die Probe aufs Exempel. Ich habe mir von Professor Manfred Donike ein Steroidprofil erstellen lassen, das die bis heute zuverlässigste Methode ist, Anabolikamißbrauch über einen längeren Zeitraum nachzuweisen. Das Resultat aus 19 Dopingkontrollen seit 1993 ist eindeutig. »Es ist kein Einfluß von anabolen Steroiden und/oder Testosteron zu erkennen«, bestätigt Donike am 22. März 1995. Ist das nun der endgültige Beweis für meine Sauberkeit oder nur ein Grund mehr für den Verdacht, daß ich eine solche Beweisführung offensichtlich nötig gehabt habe?

Muß ich mich eigentlich immer fragen, ob ich etwas falsch gemacht habe, wenn mir beim kleinsten Furz irgendwelcher »Experten« sofort das Vertrauen entzogen wird? Bringe ich sowenig Glaubwürdigkeit rüber, obwohl ich einer der gläsernsten Menschen der Republik bin? Vielleicht denkt ja jemand mal darüber nach, was los wäre, wenn ich positiv erwischt werden würde. In aller Unbescheidenheit: Die deutsche Spitzen-Leichtathletik könnte dann einpacken. Glaubt jemand im Ernst, mir sei diese Verantwortung nicht bewußt? Aber was tut so ein Funktionär wie Evers? Er stellt sich hin und sagt, wir sollen uns nicht aufregen. Wenn wir alle so sauber seien, wie wir immer behaupteten, dann gäbe es für solche Aufregung keinen Grund. Das ist schlicht infam.

Dieser Funktionär, der sich wohl als Staatsanwalt des Sports profilieren will, hat mich schließlich zu einer Aktion getrieben, die ich bis dahin für unsinnig gehalten habe. Ich habe an Eides statt erklärt, daß ich »niemals anabole-androgene Hormonpräparate oder andere Dopingmittel nach der Liste des Internationalen Olympischen Komitees eingenommen« habe. Ich beeide also etwas, was für mich selbstverständlich ist, und ich tue das nur deshalb, weil der Umkehrschluß lautet: Wenn er's nicht macht, macht er was.

Verbunden war die eidesstattliche Versicherung auch noch mit einer anwaltlichen Aufforderung an Evers, die Verdächtigungen zurückzunehmen. In der Zwischenzeit hatte er nämlich mit nebulösen Äußerungen im WDR-Fernsehen aufgewartet. Auf die Bemerkung der Moderatorin, die Namen Henkel, Baumann, Meier stünden im Schatten des Verdachts, antwortete Evers: »Einen der Namen, den sie genannt haben, der ist mir nicht als verdächtiger Name untergekommen, bei einem anderen, den sie genannt haben, da stimme ich ihnen zu.« Da war er also wieder, der Verdacht des Dr. Evers. Und was tut der Jurist nach seinen Anschuldigungen? Er läßt den Justitiar des Deutschen Sportbundes, Holger Niese, folgendes schreiben: »Es liegen Herrn Dr. Evers keine Anhaltspunkte vor, die einen der drei Genannten mit Dopingtatbeständen in Verbindung bringen.« Herr Evers hatte auf eine unklare Frage im Fernsehen eine unklare Antwort gegeben, erläuterte Niese, jetzt sei die Sache aus der Welt. So einfach ist das.

Um nicht mißverstanden zu werden: Ich schreibe hier nicht gegen Dopingkontrollen an. Selbstverständlich sind die weiter verbesserungsfähig, und ich werde stets derjenige sein, der dafür kämpft. Dasselbe gilt für die Arbeit der DSB-Kommission. Aber ich wehre mich gegen diese pauschalen Verdächtigungen, denen Funktionäre wie Eicke und Evers – aus welchen Gründen auch immer – Vorschub leisten. Manchmal hätte ich gute Lust, solche Leute vor ein ordentliches Gericht zu zerren, damit sie endlich mal die Hosen runterlassen müssen. Aber dazu müßten sie offen Namen nennen.

Warum, so frage ich mich, wählt Evers nicht den wirklich effizienten Weg und setzt sofort Zielkontrollen an, wenn er schon »konkrete Hinweise« hat. Was hält ihn davon ab, die ganze Leverkusener Truppe über Nacht durchzuchecken, wenn dort angeblich für den Erfolg alles getan wird? Nur so kann er Fakten schaffen. Stattdessen wird ein eitles Spiel in der Öffentlichkeit getrieben, das niemandem weiterhilft außer dem Ego dieser Selbstdarsteller.

Was kümmert sie's, wenn sie zum Schluß der Affäre, die sie selbst verursacht haben, feststellen müssen, daß sich Eicke außerstande gesehen habe, Personen zu benennen, »die bereit sind, seine Vorwürfe zu bestätigen«. Damit entfalle eine weitere Behandlung durch das Evers-Gremium. Eine glanzvolle Aktion mit gelungenem Ausgang: Den Schaden haben wir Sportler, die weiße Weste die Pharisäer. Wenn DLV-Präsident Helmut Digel nach diesem Skandal zurecht kritisierte, einige Funktionäre seien wohl »gierig, eine Rolle zu spielen«, dann wünsche ich ihm auch den Mut, dies den ehrenwerten Herren offen ins Gesicht zu sagen.

Ein Verband von Einzelgängern

Die Leichtathletik steckt in einer tiefen Krise. Diesen Satz kenne ich, seitdem ich mit von der Partie bin, und das ist bekanntlich ein paar Jährchen her. Ist das nun ein Verschulden der Sportler, die dopen, der Funktionäre, die unfähig sind, der Lehrer, die keinen Nachwuchs in die Vereine schicken, oder gar der Gesellschaft, die kein Interesse an dieser Sportart hat? Ich würde zunächst einmal behaupten: Vieles ist schlicht hausgemacht. Ich will dies am Innenleben des Verbands illustrieren, in dem für uns Athleten die Trainer eine zentrale Rolle spielen.

Wie im richtigen Leben, gibt es auch im DLV solche und solche Bundestrainer. Dem einen genügt es, wenn er jedes Vierteljahr ein Rundschreiben an seine Athleten verfaßt, in dem er ihnen Gesundheit und toi, toi, toi für die nächsten Aufgaben wünscht. Andere verfassen und überwachen Trainingspläne, sind für ihre Kandidaten da, holen sie zu Meetings zusammen, arbeiten eben tatsächlich am Mann oder an der Frau. Daraus kann man schließen, daß es entweder keine präzise Arbeitsplatzbeschreibung oder keine ausreichende Kontrolle für diese Angestellten gibt.

Hinzu kommt eine parallel laufende Entwicklung, die mir mindestens genauso große Sorgen bereitet: das Auseinanderdriften von Betreuern und Athleten. Wir haben uns über die Jahre viel zu sehr auf eine individuelle Trainingsgestaltung eingelassen. Jeder treibt heute eigentlich, was er will. Der Athlet will seinen eigenen Trainer, eigenen Physiotherapeuten, eigenen

Arzt, am besten noch den eigenen Psychologen. Der Trainer wiederum will mit seinen Athleten alles alleine machen, was in gemeinsamen Vorbereitungscamps zu grotesken Situationen führt. Der eine Coach schickt sein Grüppchen um halb zehn auf die Bahn, der andere um zehn, der dritte um halb elf, weil es angeblich unmöglich ist, nach einem gemeinsamen Plan vorzugehen. Dem halte ich entgegen, daß es für die Form im August völlig gleichgültig ist, ob ich im April zuerst 8 x 1000 Meter, dann 5 x 2000 Meter und zuletzt einen Tempodauerlauf, oder das Ganze in umgekehrter Reihenfolge absolviere. Aber wahrscheinlich hat ein schlauer Sportmediziner ausgetüftelt, daß es genau so und nicht anders sein darf. Die Folge ist eine absolute Vereinzelung in Grüppchen, die sich dann für den Rest des Tages fortsetzt. Dann hocken halt die Wattenscheider zusammen, die Leverkusener, die Berliner undsoweiter.

Wenn Paul Schmidt, der dienstälteste und einer der erfolgreichsten Bundestrainer im DLV, heute unsere Trainingslager besucht, reibt er sich verwundert die Augen. Er hat Läufer wie Bodo Tümmler, Paul-Heinz Wellmann, Harald Norpoth und Willi Wülbeck zu großen Erfolgen geführt. »Und wie?«, frage ich ihn. »Durch gemeinsame Lehrgänge«, antwortet er ganz lapidar. Da wurde nicht lange überlegt, ob jetzt einer die 200 Meter zehnmal oder fünfzehnmal rennt, da wurde zusammen und zur gleichen Zeit gepowert. Also zurück zu den Ursprüngen? Zugegeben, wir werden die Uhr nicht einfach zurückdrehen können. Die Athleten und ihr Umfeld haben sich geändert. Wir sind zum Teil selbständige Unternehmen, wir beziehen unser Geld von Ausrüstern, Vereinen, Sponsoren und Veranstaltern, die alle in irgendeiner Form mitsprechen wollen. Der Verband spielt dabei nur noch eine untergeordnete Rolle. Aber muß das automatisch das Ende aller Gemeinsamkeiten sein? Ich glaube nein. Denn jeder Topathlet weiß, daß ihn nicht die Abgrenzung, sondern die Arbeit mit gleichstarken Konkurrenten weiterbringt. Ich für meinen Teil erinnere mich jedenfalls noch gerne an die gemeinsamen Lehrgänge mit Lothar Hirsch, bei denen ich viel gelernt habe. Zum Beispiel auch den sozialen Umgang mit meinesgleichen.

Warum holt man also nicht die vielen Heim- und Vereinstrainer an einen Tisch, um Lehrgänge zu beschließen, an denen wenigstens zwei bis drei Mal im Jahr die Leistungsstärksten einer Disziplin zusammenkommen können? Ist es nur das Mißtrauen unter den Trainern? Vielleicht auch der immer noch nicht überwundene Ost-West-Konflikt, der alle eifersüchtig über ihre Informationen und Privilegien wachen läßt? Vielleicht könnte auf diese Weise auch Einfluß auf die Trainingslehre genommen werden, die sich für mein Dafürhalten immer noch zu stark an altem DDR-Knowhow orientiert. Hier steckt nach wie vor die Überzeugung dahinter, daß der Sportler alle Zeit der Welt hat, obwohl die Zeit der Kinder- und Jugendsportschulen, der Armee- und Betriebssportclubs vorbei ist.

Gewiß, die Position des Bundestrainers würde mit diesem Vorgehen weitgehend überflüssig, aber was ist dagegen einzuwenden, wenn eine entsprechende Umstrukturierung bessere Zeiten brächte? Ein paar wenige als Koordinatoren und der Rest dorthin, wo er hingehört: direkt zu den Athleten. Ich sehe doch, wie gut das bei meiner Frau funktioniert, wenn sie mit ihren Jungs zusammen ist. Was sie allein aus einem gemeinsam verbrachten Wochenende an Kraft und Spaß schöpfen, lohnt den Aufwand.

Diese zunehmende Vereinzelung hat ja nicht nur im Training verhängnisvolle Folgen, sie setzt sich konsequenterweise auch bei unseren Wettkämpfen fort. Zunächst einmal werden die Mannschaften immer größer und unübersichtlicher, weil inzwischen auf fast jeden Athleten ein Betreuer kommt. Nun könnte man meinen, das sei doch optimal. Ist es aber nicht. Denn jeder, der vorzeitig ausscheidet, schleppt auch einen frustrierten Trainer mit sich herum, was für den Teamgeist Gift ist. Auf diese Weise bildet sich keine Mannschaft heraus, eher eine Gesellschaft von Trauergästen, deren Fahne auf Halbmast weht. Was wir stattdessen dringend bräuchten, wäre ein wirkliches Wir-Gefühl. Und wo ist die Grundlage dafür besser zu schaffen, als bei der gemeinsamen Praxis im Alltag? Wenn ich gerne mit anderen Läufern zusammen trainiere, dann tue ich das nicht, wie mir oft vorgehalten wird, um ihnen als Ober-Guru zu sagen, bei welchem Baum man abzubiegen hat. Dann tue ich das, weil wir uns gegenseitig unterstützen können. Nur so lerne ich die Stärken und Schwächen, die Ängste und Hoffnungen des jeweils anderen kennen, nur so kann ich echtes Gefühl und Solidarität für ihn entwickeln. Dann kann ich dem Trainingsgefährten in den Tagen vor seinem Wettkampf, die ihn nervlich vielleicht zerreißen, mit meiner Anteilnahme helfen. Ein paar ehrlich gemeinte aufmunternde Worte können da schon reichen. Wir wissen ja, wie es uns in diesem Augenblick geht. Dann haben aber auch die Ausgeschiedenen keinen Grund mehr, mit hängenden Gesichtern durchs Athletendorf zu marschieren und auch noch die letzten Optimisten anzustecken. Sie müßten dann im Stadion und nicht im Kino sitzen, ihre Kollegen anfeuern, Sieg und Niederlage gemeinsam tragen. Vielleicht läßt sich dann sogar die Teamleitung dazu hinreißen, nicht immer nur die Hosen flattern zu lassen, aus lauter Angst vor dem zu erwartenden Medienbeschuß, sondern gibt auch mal die Devise aus: Jungs und Mädels, gemeinsam sind wir stark. Das wäre psychologisches, völlig legales Doping und für mich die Hoffnung, daß unsere Leichtathletik noch eine Zukunft hat.

Weg von der Spritzmedizin

Wenn ich sage, daß Doping nicht als isoliertes Kontrollproblem behandelt werden kann, dann zielt dies insbesondere auf unsere Ärzte. Eine vernünftige und verantwortungsvolle Sportmedizin könnte nicht nur viel verhindern helfen, sondern auch prophylaktisch wirken. Aber wie sieht die Wirklichkeit aus? Der junge Athlet, für den eine Verletzung stets eine Tragödie ist, zieht von Doc zu Doc, immer in der Hoffnung, schnellstens wieder auf die Beine zu kommen.

Der beste Arzt ist scheinbar der, der dir sagt: Junge, in einer Woche kannst du wieder trainieren. Wunderbar. Der Mensch genießt sofort alles Vertrauen dieser Welt, er darf alles probieren. Selbstverständlich wird gespritzt (das bringt abrechnungstechnisch am meisten), auch die Therapie mit Ultraschall und Reizstrom macht Eindruck, aber wie es der strapazierte Hippokrates will – es hilft offensichtlich nicht. Das kann zwei, drei, vier Wochen dauern. Eine unendlich lange Zeit für einen Sportler, der alles hat, nur keine Zeit. Also wechselt er zu einem neuen Arzt, der ihm zunächst erzählt, daß der Kollege von vorher keine Ahnung habe. Beruhigend zu wissen. Jetzt setzt es neue Spritzen, statt Reizstrom gibt es vielleicht Fango-Packungen, aber die Achillessehne will und will nicht werden. Die logische Folge ist der nächste Doc, eine Odyssee von Praxis zu Praxis.

Über das Warum müßten unsere Sportmediziner einmal selbstkritisch nachdenken. Mangelnde Qualifikation – die weit verbreitet ist – will ich hier gar nicht anprangern. Eine Menge wäre schon erreicht, wenn die Halbgötter in Weiß einmal über ihr Selbstverständnis nachdenken würden. Ein Hochleistungssportler muß nicht um jeden Preis kuriert werden. Ich weiß, daß sich viele Ärzte unter diesem Erwartungsdruck wähnen und zu purem Aktionismus neigen, nur um dem Athleten zu suggerieren, daß sie alles für ihn tun. Für sie scheint es geradezu ein Eingeständnis eigener Unfähigkeit zu sein, wenn sie sagen: Hör' zu Junge, mach' mal Pause, leg dich ins Bett. Gerade diejenigen aber, die in aller Gelassenheit Ruhe verschreiben, sind für mich die besten Ärzte. Aus eigener leidvoller Erfahrung weiß ich, daß Trainingspausen oft die beste Medizin sind.

Es mag nun manchen erstaunen, wenn ich an diesem Punkt für einen Mann in die Bresche springe, der in der Branche als einer der umstrittensten gilt: Professor Armin Klümper. Mir ist bekannt, daß er den einen als Guru, den andern als Scharlatan erscheint. Ich kann nur sagen, daß der Doc für mich rund um die Uhr da war, sieben Tage in der Woche, und wenn es sein mußte sonntagmorgens um acht. Allein dieses Engagement, diese Zuwendung baut dich als Patient auf, zunächst völlig unabhängig von der Behandlungsmethode. Erst wegen seiner Vorliebe für Spritzen haben sich über die Jahre unsere Auffassungen getrennt. Ich wollte weg von der Spritzenmedizin, hin zu einer weicheren Therapie. Irgendetwas, so hatte ich gehofft, muß es in der Mitte geben, etwas auf dem Weg zwischen Klümper und dem Kanapee.

Ich habe es in Holland gefunden. Der Mann heißt Peter Verhouwen und ist Arzt des dortigen Nationalen Olympischen Komitees. Als ich 1993 mit meiner Knöchelverletzung bei ihm aufgetaucht bin, hat er mir als erstes erklärt: Wenn du nicht bereit bist, ein halbes Jahr nicht zu laufen, behandle ich dich nicht. Welch' ein Schock für mich damals. Ich war es gewohnt, mit der schnellen Hoffnung zu leben, auf ein down folgte immer ein up, auch wenn ich das Gefühl nicht loswurde, daß es stets nur eine »Heilung« auf Zeit war. Ein halbes Jahr auszusetzen, diese Vorstellung war für mich ein Alptraum. Doch Verhouwen hat mich peu à peu aus diesem dunklen Keller herausgeführt. Das wichtigste dabei war wohl, daß er mich als ganzheitlichen Menschen gesehen hat. Für ihn war ich nicht nur der Knöchel. Lange Gespräche, Gymnastik, Massagen, ein genauer Plan für zu Hause, was ich zu tun und zu lassen habe – damit hat er mir Zuversicht in meine eigene Kraft zurückgegeben.

Bei ihm habe ich auch perfektioniert, was viele Ärzte für Quatsch gehalten haben: mein Ersatztraining. Wenn ich schon nicht laufen kann, so die Überlegung,

Immer mit der Ruhe: Der Karl Valentin der Leichtathletik posiert in Barcelona mit der Kopfbedeckung eines mongolischen Athleten. (Foto: privat)

steige ich halt aufs Rad oder ins Wasser. Das hat wunderbar geklappt. Ich bin mit dem Mountainbike quer über die Insel Lanzerote gebrettert, bei Ulmer Vereinsmannschaften mitgefahren und dabei zum echten Radfreak geworden. 40-km-Sprintrennen, Bergzeitfahren, 140 Flachkilometer im 30 km/h-Schnitt, alles nichts Weltbewegendes, und dennoch unheimlich wichtig, weil es mir das Gefühl vermittelt hat, beim Sport noch dabei zu sein. Psychologie ist in solchen Phasen die entscheidende Triebfeder, nicht der Kampf der Muskeln. Erfolgserlebnisse, und seien sie noch so bescheiden, bauen das angeknackste Selbstbewußtsein wieder auf. Wie stolz war ich als mieser Schwimmer, 2000 Meter in 35 Minuten zu schaffen? Das war auch ein Sieg über mich selbst. Verhouwen wußte zum Beispiel ganz genau, was er tat, wenn er mich in Arnheim ins Hallenbad schickte. »Ich ruf' mal schnell beim Bademeister an« – so beendete er gerne eine Sitzung, um die Landratte Baumann in Bewegung zu bringen. Ganz zufällig hat er dann auch noch kurz vorbeigeschaut, um mir zuzurufen: »Junge, ich weiß gar nicht, was du hast, du bist doch topfit.« Dermaßen ermutigt, konnte ich mich an meinem Ersatztraining richtiggehend aufgeilen. Junge, habe ich mir gesagt, du bist auf dem richtigen Weg, alles wird gut.

Das Schöne ist, daß diese Pionierarbeit, die ich zusammen mit Isabelle entwickelt habe, inzwischen anerkannt wird. Viele Athleten sagen: Guck mal, der Baumann ist nur radgefahren und wieder voll da. Selbst der eine oder andere aufgeschlossene Sportmediziner scheint das mittlerweile kapiert zu haben. Wenn es mehr würden, die diesen sanfteren und kreativeren Weg gehen, wäre schon viel gewonnen. Dann müßten die Sportverbände nur noch dafür sorgen, daß sie abgesichert arbeiten können. Und schon wären sie auf dem Weg zu einem ehrlicheren, gesünderen Sport ein Stück weitergekommen.

Wozu sind Funktionäre gut?

»Es gibt Hähne, die sind nur auf dem eigenen Misthaufen tapfer«, schrieb einmal die »Welt« und fügte hinzu, »Dieter Baumann gehört nicht dazu«. In der Tat zählt der Sportler des Jahres 1992 zu den wenigen seiner Spezies, die weit über den Stadionrand hinausdenken und diese Gedanken auch äußern. Bei diesen Ausflügen gerät er jedoch zwangsläufig mit Menschen ins Gehege, die dieses Mitdenken in Fensterreden zwar propagieren, im Alltag freilich eher ablehnen. Es handelt sich hier in erster Linie um die Gruppe der Spitzenfunktionäre.

Man tut ihnen keinen Tort an, wenn man sie politisch mehrheitlich dem konservativen Lager zurechnet. In sämtlichen Gremien des organisierten Sports dominieren CDU-Mitglieder oder -Sympathisanten. Sozialdemokraten, sofern vorhanden, fallen eher durch Anpassung als durch Zivilcourage auf, Grüne sind praktisch nicht existent. Womit es wenig verwundert, daß es in dieser geschlossenen Gesellschaft keine Streitkultur gibt, sieht man von jenen Fällen ab, in denen es um die Sicherung von Ämtern und Mandaten geht. Doch auch dabei wird nicht das bessere Argument oder der kompetentere Kandidat gewinnen, sondern stets der Proporz. Ein rot-grün angehauchter Sportler wie Baumann hat es in diesem closed shop schwer, weil er nahezu keine Ansprechpartner hat. Was soll er auch halten von Männern (Frauen kommen in Führungspositionen kaum vor), die sonntags den mündigen Athleten predigen und ihn werktags zur Nebensache erklären? Viel zu häufig hat er miterlebt, daß nicht die Basis ihr bevorzugtes Terrain ist, sondern die VIP-Lounge, in der sie Lachshäppchen und Champagner goutieren. Ihre Welt ist der Jetset, die Busineß-Class im Flieger und der Mercedes, mit dem sie in die Luxushotels eilen, um dort in Aircondition-Räumen ihre umfangreichen Tagesordnungen abzuarbeiten, Beschlüsse fürs nie umgesetzte Protokoll zu fassen, beziehungsweise anderen sehr wichtigen Personen ihre Aufwartung zu machen. Dafür gibt es in aller Regel respektable Aufwandsentschädigungen (der Steuerzahler ist immer dabei) und eine Wertschätzung (manche können noch lange von der Kußhand einer leibhaftigen Prinzessin schwärmen), die offenbar ausreichen, um mit aller Macht Funktionär bleiben zu wollen. Was wiederum die Vergreisung dieser Spezies erklärt – und die Entfremdung und Resignation jener Sportler, die, wie Baumann, einmal zur Zusammenarbeit bereit waren. »Ich sehe keine Chance, daß wir uns noch einmal annähern«, sagte er 1992 in einem »Spiegel«-Interview, alles, was er in Angriff nehme, wirke wie »Schüsse aus der Wasserpistole«.

Die Zeiten haben sich, auf seinen Verband beschränkt, vorerst geändert. Mit dem Soziologen Helmut Digel, Jahrgang 1944, rückte ein aufgeklärter Liberaler 1993 an die DLV-Spitze, der erstmals die Nähe zu seinen Athleten suchte. Bei dem gebürtigen Schwaben hatte Baumann das Gefühl, an- und ernstgenommen zu werden. Ob es Probleme mit Prämien für die Mannschaft gab, mit den Fernsehlizenzen oder Dopingverdächtigten, Digel bat stets seinen Vorzeigeathleten um Rat. Die beiden haben darüber zu einem vertrauten Umgangston gefunden, auch wenn Baumann klug genug ist zu erkennen, daß es nicht nur die landsmannschaftliche Verbundenheit ist, die den Taktiker Digel ständig zum Telefonhörer greifen läßt. Er weiß, daß er für Digel eine Bank ist. Aber auf der anderen Seite spürt er, daß dieser Umgang zwischen Funktionär und Sportler beispielhaft sein könnte für ein gedeihliches Miteinander, zum Wohl der Leichtathletik. Hier war endlich einer, der auch ihre Sprache spricht, einer, der auch nicht davor zurückschreckte, Kritik an der eigenen Kaste zu üben.

Ihre Gemeinsamkeiten sind nachzulesen in den Auszügen aus Digels selbstkritischem Aufsatz »Römische Zeiten« und in dem

Appell, den Dieter Baumann zusammen mit seinem Klubkameraden, dem Fecht-Olympiasieger Arnd Schmitt, sowie Matthias Kleinert Ende 1992 an die Öffentlichkeit gerichtet hat. Kleinert war damals Sprecher von Deutschlands wichtigstem Sportsponsor Daimler Benz. Beide Texte haben an Aktualität nichts eingebüßt. Sie thematisieren beide denselben Tatbestand: die Krise des Spitzensports, die auch eine Krise ihres Führungspersonals ist.

Römische Zeiten

Plädoyers für das Ehrenamt im Sport haben durchaus ihre Berechtigung. In gewissem Sinne sind sie heute notwendiger denn je. Die Wiederentdeckung der Ehre für die künftige Entwicklung der modernen Gesellschaft ist notwendig und insbesondere aus moralischen Gründen dringend erwünscht. Eine ganze Reihe von Funktionären im Sport, die heute in dessen Dachorganisationen das Sagen haben, tragen hierzu freilich meist nur sehr wenig bei. Das selbstlose Handeln, das die Ehrenamtlichkeit im Sport auszeichnen sollte, ist heute fast ausschließlich noch in den Vereinen anzutreffen. Vom Jugendleiter einer Handballabteilung, der jahrein-jahraus bemüht ist, genügend Spieler für seine Mannschaften zu finden, vom Schiedsrichter, der Woche für Woche von Dorf zu Dorf zu fahren hat, Kreisliga-Spiele pfeift und sich dabei den Beschimpfungen der Mannschaften stellt, vom Schatzmeister, der gemeinsam mit seiner Frau die Geschäfte der Vereinsbuchhaltung erledigt, von der Pressewartin, die Sonntag für Sonntag die Spielberichte an die örtliche Presse weitergibt ... von all' diesen Personen müßte dabei die Rede sein, wenn wir von der Ehre im Sport sprechen wollen. Kosten-Nutzen-Kalküle spielen dabei keine Rolle.

Angesichts dieser alltäglichen Kultur der Solidarität und des Helfens in den Vereinen kommt das ehrenamtliche Handeln in den Top-Etagen des Sports, zumindest mit Blick auf eine immer größer werdende Zahl von sogenannten Spitzenfunktionären, einer Karikatur gleich. Von Korruption, Faulheit, Machtbesessenheit, Eitelkeit, Verlogenheit, Mediokrität, Arroganz, Unmoral und Dekadenz ist immer wieder die Rede. Angesichts eines oftmals grotesken und peinlichen Gerangels um Positionen fordern immer mehr Athleten, daß »die Köpfe ihrer Funktionäre rollen müssen«. Doch Stehaufmännchen gleich halten sich diese nicht selten über Jahrzehnte hinweg an der Macht. Zur Not kann dabei ein Amt im internationalen Verband Garant für ein verlängertes Verweilen im Kreis der »Führungsfunktionäre« sein. Freiwillige Rücktritte sind außergewöhnlich, viel eher werden die »Sportfreunde« mittels rührender Gesten gebeten, doch bitte noch eine Amtsperiode zu gewähren.

Was sind die Ursachen für solche Gelüste? Was macht das Führungshandeln des Sports so lohnenswert? Beobachte ich mich selbst und beobachtet man andere Funktionäre in den Führungsgremien des Sports etwas genauer, so könnte man meinen, daß es einerseits ein bei Sportfunktionären besonders ausgeprägtes Bedürfnis nach Bedeutsamkeit ist, daß es andererseits die lukrativen Reisen sind und daß es schließlich die Annehmlichkeiten sein könnten, die heute im großen Sport anzutreffen sind. So kommt der Kampf der Funktionäre um eine Akkreditierung bei Olympia der Auseinandersetzung von Kindern gleich, wenn diese um die erste Reihe bei einem Kasperletheater ringen. Wer die offizielle Mannschaftskleidung der deutschen Mannschaft tragen darf ist etwas Besonderes, wichtiger ist es jedoch, daß man auch den Zugang zu den verschiedensten VIP-Lounges erhält. Die Farbe der Akkreditierungskarten mit ihren Kennzeichen für die unterschiedlichen Klassen des Sports bringt es dabei an den Tag: Wer oben ist und wer wirklich das Sagen im Sport hat, trägt Gold, Silber ist kennzeichnend für auf- und absteigende Funktionäre. Wessen Identität durch Bronze gekennzeichnet wird, der muß sich dem zweiten Glied der Funktionäre zugehörig fühlen. Wer hingegen nur zu einer einzigen Sportstätte und damit nur zu einer Sportart Einlaß erhält, der zählt in der Regel zu jenen, die die Ware des Sports machen, an denen sich die anderen ergötzen. Zu dieser Gruppe gehören die Trainer, Physiotherapeuten, Kampfrichter und nicht zuletzt auch die Athleten.

Angesichts dieser Hierarchie sind Peinlichkeiten unter den Funktionären an der Tagesordnung. Dort, wo es etwas umsonst gibt, wird kräftig hingelangt, ganz gleich, ob es um eine interessante Reise, das gesponsorte Buffet in der VIP-Lounge oder um die schönen Geschenke eines Gastgebers geht. Sitzungen von internationalen Sportgremien kommen bourgeoisen Ausbeutungsritualen zu Zeiten Ludwigs XIV. gleich. Flug in der Senatorklasse, Nobel-Suite und Edel-Karosse, Begleitung durch eine Motorrad-Eskorte, Hostessen und sonstiges Personal zu Diensten der Herren des Sports, dies alles kennzeichnet das Paschahandeln der internationalen Sportgremien, und einige ihrer Funktionäre und die deutschen Vertreter in diesen Gremien nehmen bis auf wenige Ausnahmen solche Annehmlichkeiten wie selbstverständlich in Anspruch, ohne sich auch nur einmal an jene zu erinnern, die ihnen ein Mandat gegeben haben und die mit ihrer Arbeit in den Sportvereinen die Basis dafür bilden, daß Funktionäre überhaupt zu Ansehen und Macht kommen konnten. Selbst bei den Weltstudentenfestspielen, bei der Universiade also, besitzen sogenannte »Sportführer« die Frechheit, sich stehend bei der Eröffnungsfeier in Luxuskarossen durch das Stadionrund chauffieren zu lassen, aufwendige Empfänge zu geben und von den großen zukünftigen Aufgaben der Jugend der Welt zu reden, ohne in den letzten Jahren auch nur einmal eine Universität betreten zu haben.

1) Auszüge aus: Helmut Digel, »Römische Zeiten«, in »Das andere Olympiabuch«, Schondorf 1992.

Helmut Digel ist ein kluger Kopf, und Humor hat er auch, was ihn in der Riege der Funktionäre nicht unbedingt beliebter macht. Entsprechend kernig ist sein Aufsatz »Römische Zeiten« ausgefallen, den ich eigentlich jedem der Angesprochenen gerne hinter den Spiegel stecken würde. Es ist ja nur wahr, was der Soziologe Digel über jene Ehrenamtlichen schreibt, denen der Altruismus auf den Leib geschneidert ist. Sie opfern dem Sport alle ihre Schaffenskraft, und was passiert? Keiner merkt's, oder noch schlimmer: Jeder kritisiert's. Warum das so ist? Ich will es anhand eigener Erfahrungen erläutern.

Beispiel Jugend trainiert für Olympia: Die an sich vernünftige Einrichtung feiert 25jähriges Jubiläum. (Für Sportunkundige: Dieser Schulwettbewerb wurde von dem ehemaligen »Stern«-Herausgeber Henri Nannen und dem Präsidenten des Nationalen Olympischen Komitees, Willi Daume, 1969 aus der Taufe gehoben.) Der Anlaß wird in Berlin im September 1994 tagsüber mit sportlichen Wettkämpfen gewürdigt, am Abend mit einem festlichen Empfang in einem Spitzenhotel. Fünf Sterne mit Sicherheit, livrierte dienstbare Geister, oben im Saal allerhand Lüsterzeug, und ich darf bei den Großkopfeten an Tisch Nummer eins sitzen.

Rechts neben mir Rita Süssmuth, die Bundestagspräsidentin, links von mir ein bayerischer Politiker, der den ganzen Abend darüber geredet hat, daß die CSU am nächsten Tag bei den Landtagswahlen die Ernte ihrer Bemühungen um den Bürger einfahren werde. Später habe ich mir sagen lassen, daß es sich um Hans Zehetmair, den bayrischen Kultusminister und amtierenden Vorsitzenden der Sportministerkonferenz, gehandelt hat. Des weiteren mit am Tisch Hans Hansen, der damalige Präsident des Deutschen Sportbundes, der alle Hände voll zu tun hatte, das essen zu können, was ihm seine Frau verbieten wollte. Auch Richard von Weizsäcker war da. Er hat sich oft heftig auf die Lippen gebissen und bei den Ehrungen auffällig wenig geklatscht. Besonders als der Schwimmpräsident Harm Beyer an der Reihe war, hat er, und Frau Süssmuth übrigens auch, was ich beiden hoch anrechne, keine Hand gerührt. Welche Verdienste Beyer sich für die Jugend, die für Olympia trainiert, erworben hat, weiß ich nicht. Ich weiß nur, daß es jener Funktionär ist, der sich öffentlich für die Freigabe von Doping (unter medizinischer Kontrolle) eingesetzt und gleichzeitig um das Amt des Präsidenten des Nationales Olympischen Komitees (NOK) beworben hat. Natürlich fragst du dich in solchen Augenblicken, was du hier sollst.

Eingeladen bin ich als Athlet, der auch mal für Olympia trainiert hat und es immer noch tut. Aber was soll ich hier machen? Schüler sind keine da. Ich habe mir überlegt, was die jetzt wohl tun. Feiern wahrscheinlich, und ich sitze neben einem Politiker, der mich unheimlich an Stoiber erinnert. Ich glaube, ich habe an diesem Abend eine gute Notlösung gefunden. Dieter, habe ich mir gesagt, guck' halt Prominenz, das ist wie Fernsehen ohne Werbung. Aber Spaß beiseite: Die Gelder, die man in derlei Luxusveranstaltungen steckt, wären besser bei den Jugendlichen aufgehoben.

Nach solchen zweifelhaften Vergnügungen wird mir auch immer wieder klar, warum sich die Funktionäre so wichtig nehmen. Sie tafeln mit der High-Society, verkehren in deren Salons, reisen in Erste-Klasse-Polstern und ruhen des nächtens in den Betten vornehmer Suiten. Kein Mensch stört sich mittlerweile mehr daran, daß es Ober-Leichtathlet Primo Nebiolo nicht mehr unter einem Mercedes 600 tut, wenn er am Flughafen abgeholt werden will. Am besten noch geleitet von einer Polizeieskorte, eine rote Ampel könnte den italienischen Sonnenkönig bei der Ausübung seiner Amtsgeschäfte behindern. Einer der wenigen Funktionäre auf dieser Ebene, der normalerweise den Kontakt zum Boden hält, ist der frühere Fecht-Olympiasieger Thomas Bach. Allerdings kann auch er seine Kollegen vom Internationalen Olympischen Komitee (IOC) nicht zu Bratwurst und Bier in seinen Garten einladen. Es muß schon ein Jagdschloß sein, vor dem die Wagenschläge von Dienern aufgerissen werden. Und wenn schon Kanzler Kohl nicht kommt, muß es wenigstens sein Stellvertreter sein, der Primo die Ehre erweist. Die Champagner-Company lebt in ihrer eigenen Welt, die mit Otto-Normal-Sportler eigentlich nichts mehr gemein hat. Das war auch der Grund, warum ich die Angebote Bachs, als Athletensprecher im IOC Karriere zu machen, immer abgelehnt habe. In dieser Welt, in der sie jetzt noch die Altersgrenze von 75 auf 80 Jahre angehoben haben, will ich keinen Platz haben.

Nach meinem Olympiasieg, der in vielerlei Hinsicht ein Quantensprung war, habe ich gelernt, wie diese Welt funktioniert. Als kleiner Athlet war der Weg folgender: Du gehst ins Hotel und fragst, ob ein Zimmer frei ist und wer mit dir die Bude teilt. Die Veranstalter sparen immer bei den Kleinen, und wenn du Pech hast, liegst du mit einem amerikanischen Sprinter zusammen, der bis nachts um vier in die Glotze guckt und auf die Frage, ob das sein müsse, mit einem empörten Ja antwortet. Jawoll, er brauche das. Heute kann es mir passieren, daß ich an die Rezeption komme und ein aufgeregter Angestellter schon mit dem Schlüssel winkt. Und plötzlich stehst du in einer Suite, in der du 30-Meter-Pässe schlagen könntest. Es ist dann ungeheuer schwierig, die Menschen davon zu überzeugen, daß du nicht Carl Lewis bist, der sich Suite und Nobelkarrosse vertraglich festschreiben läßt. Viel einfacher wäre jetzt gewesen, diese Masche durchzuziehen, denn die Bitte um ein ganz normales Doppelzimmer stößt auf schieres Unverständnis.

Was ich damit sagen will? Dieses Luxusleben muß kein Naturgesetz sein, es ist offenbar nur zur Gewohnheit geworden, weil sich keiner der Hofierten dagegen wehrt. Die Folge ist die unendliche Distanz zu den normalen Sportlern, zu denen ich mich nach wie vor zähle.

Diese Kluft zeigt sich auch in kleinen Begebenheiten. Der Patient Baumann rückt eines Samstagmorgens um neun Uhr in der Praxis von Professor Klümper an. Im Wartezimmer sitzt ein alter Mann, den ich mit einem freundlichen »Grüß Gott auch, Herr Daume« begrüße. Man weiß schließlich, was sich gehört. Willi Daume war damals, anno 1990, noch der ranghöchste Sportfunktionär der Republik, und irgendwie hatte ich ihm auch einiges zu verdanken. Er war es immerhin, der im IOC dafür gekämpft hat, daß wir Athleten Geld verdienen konnten. Außerdem wurde ich zu dieser Zeit noch von der Sporthilfe gefördert, deren Vorsitz er neben jenem beim NOK ja auch noch übernommen hatte.

Daume schaut auf, grüßt zurück und murmelt ein irritiertes »Wie geht's« vor sich hin. Er erkennt mich nicht, er kann mit mir nichts anfangen. Ich erzähle das nicht mit der verletzten Eitelkeit eines Silbermedaillengewinners, sondern mit bassem Erstaunen. Willi Daume, der große alte Mann des Sports, war für mich eine Autorität, so etwas wie ein Oberhaupt der Sportfamilie, zu der ich, als nicht übermäßig mißratenes Kind, doch auch gehöre. Aber der damals 77jährige schien mir Lichtjahre weit weg.

Ich habe mich seinerzeit gefragt, was solche Menschen treibt, gerade einen Daume, der auch noch gesundheitlich schwer angeschlagen war. Halten die sich für wirklich unersetzlich? Oder wie es Digel in seinem Aufsatz formuliert: »Da will ein NOK-Präsident nun schon seit mehreren Jahren nicht zurücktreten, obgleich dies längst überfällig ist und er sich selbst mehr Schaden zufügt, als dies angesichts seiner unbestrittenen Verdienste erwünscht sein kann.« Solche Funktionäre werden mir wahrscheinlich ewig unbegreifliche Wesen bleiben.

Funktionäre wie Digel sind Ausnahmen unter den Sportverwaltern. Er redet nicht nur vom mündigen Athleten, er spricht auch mit ihm. (Vielleicht läßt er bald eine Standleitung nach Herrlingen in den Akazienweg schalten.) Auch das ist ein gewaltiger Unterschied zu seinen Vorgängern, die ich erlebt und überlebt habe. Es waren immerhin drei. Zu deren Amtszeit galt immer: Hier die Funktionäre und dort die Athleten, und wer legt das jeweils andere Lager geschickter aufs Kreuz. Heute ist es selbstverständlich, daß der Präsident mit seinen Schützlingen in der Mensa an einem Tisch sitzt, wenn sie bei Länderkämpfen unterwegs sind. Trotz seiner tausend anderen Verpflichtungen nimmt Digel häufig an Teamsitzungen teil und ist sich auch nicht zu schade, selbst für ein anderes Hotel zu sorgen, wenn wir seiner Meinung nach zu schlecht untergebracht sind. Da steckt ein ganz anderes Engagement dahinter, und dies gilt auch für seinen Stellvertreter Theo Rous, Leistungssportchef Frank Hensel und Sportwart Rüdiger Nickel.

Das Problem ist nur, daß keiner sagen kann, ob sie diesen Knochenjob auch durchhalten. Ich weiß genau, daß die Heckenschützen im Hintergrund warten, die alten Kameraden, die Seilschaften sind ja keineswegs vom Erdboden verschwunden. Sie lauern nur auf eine günstige Gelegenheit. Der Präsident darf sich keinen falsch abgerechneten Pfennig erlauben, auf der anderen Seite muß sich Rechtsanwalt Nickel rechtfertigen, wenn er einmal nicht mit auf Länderkampf-Reisen geht. Dann gilt das Sparargument plötzlich nicht mehr, dann wird das als lasche Amtsauffassung gegeißelt, obwohl meist ohnehin zuviele Offizielle mit auf dem Trittbrett stehen. Meine Sorge ist deshalb, daß sich Digel & Co. in diesen

Grabenkämpfen verschleißen, bevor ihre Arbeit Früchte trägt. Dies ist auch der Grund, warum ich die DLV-Führungscrew nach Kräften unterstütze. Ich bin mir sicher: Wenn sie scheitert, ist auch die neue Leichtathletik am Ende.

Ich habe genügend Betonköpfe in meiner langen Karriere kennengelernt, um beurteilen zu können, wo die wahren Bremser sitzen. Ein Beispiel aus dem Bundesausschuß Leistungssport (BaL), jenem Gremium, das darüber befindet, wer zu den Olympischen Spielen fahren darf. Bei diesen Nominierungssitzungen darf auch ein Vertreter der Athleten im Raum sitzen. Der Tagesordnungspunkt 3000 Meter Hindernis wird aufgerufen. Zusammen mit Cheftrainer Lothar Hirsch schlage ich Steffen Brand, Hagen Melzer und Martin Strege vor, die alle die geforderte Norm erfüllt haben. Da steht der zuständige Herr vom BaL auf und erklärt, tja, liebe Leute, wir nehmen nur zwei mit. Es ist euer Bier, wen ihr zu Hause laßt, sucht euch einen aus. Ich bin wie vom Donner gerührt. Alle drei haben die festgelegte Zeit deutlich unterboten, und jetzt sollen wir einen von ihnen kaltlächelnd abschieben.

Nicht mit mir, ich bestehe auf allen.

Wenn das so ist, meint der Funktionär ganz cool, dann akzeptieren wir nur Brand, der wenigstens eine Endlaufchance habe. Für Touristen habe man im Team keinen Platz. Ich schaue Lothar Hirsch an, der zuckt resigniert mit den Schultern und sagt leise: »Dieter, schmink' dir das ab. Wenn du auf dreien beharrst, hauen sie dir zwei raus.« Mir tut es heute noch leid für Martin Strege. Wir haben uns für Hagen Melzer entschieden, weil Barcelona seine letzte Olympiade war. Martin war natürlich bitter enttäuscht, ich hatte den Schwarzen Peter zugeschoben bekommen und eine Stinkwut im Bauch, weil ich für eine Alibiveranstaltung herhalten mußte und weil ich gespürt habe, wie athletenverachtend hier gehandelt wird.

Für die Herrgötter vom BaL sind wir austauschbare Nummern oder wahlweise Touristen, die sich auf Staatskosten einen lauen Lenz machen wollen. Vielleicht sollten sie sich selbst einmal auf ihre Bedeutung hin überprüfen, wenn sie in fernen Landen weilen, ihren Whisky an dieser oder jener Bar kippen und darüber vergessen, daß »ihre« Sportler hart für ihre Leistungen gearbeitet haben.

Gerold Amann (rechts) war viel mehr als ein Trainer. Mit ihm waren Wettkämpfe auch immer Bildungsreisen. (Foto: privat)

Helmut Digel schreibt zurecht, daß selbstloses Handeln heute fast ausschließlich noch in den Vereinen anzutreffen ist. Dort sitzen die Ehrenamtlichen, ohne die der Sport seinen Laden schließen könnte.

Einer davon war und ist Gerold Amann, mein Entdecker, Trainer und Lehrer. Ohne ihn, den Hauptschullehrer aus Schelklingen, gäbe es keine LG Alb/Donau und keinen Olympiasieger Baumann. Ich erinnere mich noch genau, wie ich als 16jähriger zu ihm gekommen bin und er mich gefragt hat, was ich bei ihm machen wolle. Tausend Meter und mehr laufen, habe ich stolz verkündet, und alle Jungs drumherum haben gelacht über soviel Dummheit. Damals wollten alle Sprinter werden. Gerold Amann hat mich nur aufmerksam angeschaut.

Wenn es mein Ernst sei, hat er in seiner ruhigen Art gesagt, könne ich auf ihn zählen. Und wie. Er war immer dabei, ob Tag für Tag in der Halle oder draußen auf der Alb, und wenn er den Schnee erst mit dem Auto spuren mußte, damit ich rennen konnte. Für mich waren diese Jahren zwischen 1981 und 1986 die entscheidende Zeit, denn Gerold Amann war viel mehr als ein Trainer. Er hat mir nicht nur beigebracht, wie man ein guter Läufer wird, er hat mir, dem unbedarften Jungen, auch die Welt erklärt. Reisen zu Wettkämpfen waren bei ihm immer auch Bildungsreisen. Zu jeder Stadt, an der wir vorbeigekommen sind, wußte er Geschichten und Geschichte zu erzählen. Über die Fugger, den Bauernjörg, Bismarck, Unterricht auf Rädern sozusagen. Er hat das in seiner stillen Art getan, nie oberlehrerhaft. Ich habe mich von ihm nie reglementiert oder bevormundet gefühlt, er war einfach da, in seiner natürlichen Autorität. Von ihm habe ich auch gelernt, daß Niederlagen wichtig, aber auch keine Katastrophen sind. Dieter, hat er immer gesagt, Erfolg bedeutet viel, er ist aber nicht alles. Ja, Gerold Amann hat mich gelehrt, daß es auch noch ein Leben neben dem Laufen gibt. Wenn wir an jeder Schule nur einen Amann hätten, wäre mir um die Leichtathletik nicht bange. Und weil ich das weiß, gehe ich immer wieder in die Schulen, versuche dort für meinen Sport zu werben, um die Talente zu gewinnen, die es auch bei uns wie Sand am Meer gibt. Man muß sie nur entdecken, und dazu braucht es Pädagogen wie Gerold Amann.

Auch mein Vater war von diesem Schlag. Er hat rund um Blaubeuren Jugendabteilungen aufgebaut, mit ihm war ich in Zeltlagern, mit ihm haben wir auf langen Busfahrten »Wenn die bunten Fahnen wehen« gegrölt und auf verwunschenen Nachtwanderungen Hasen erschreckt. Sport war für mich Familie, meine prägende Lebenserfahrung, einfach mein Glück – und ich bin bis heute nicht dazu gekommen, dafür richtig Dank abzustatten. Nach meiner aktiven Laufbahn will ich das nachholen. Als Patenonkel an der Basis zum Beispiel. Warum nicht bei der LG Alb/Donau? Bessere Beispiele als Gerold Amann und meinen Vater kann ich mir dafür nicht wünschen.

Der Sport ist keine Insel der Seligen[1)]

»Nur wer bereit zu Aufbrauch ist und Reise, mag lähmender Gewöhnung sich entraffen.« Hermann Hesse

Der Spitzensport ist in eine gefährliche Schieflage geraten. Er droht in unserer Gesellschaft auf einen Gleis zu rutschen, wo er nur noch als rollende Krise (mit zunehmender Geschwindigkeit) wahrgenommen wird. Entweder stürzt das ungelöste Dopingproblem in den Mittelpunkt der Debatte, oder die fortschreitende Kommerzialisierung, oder der überforderte Funktionär, oder das knapp werdende Geld. Parallel dazu entwickeln sich hektische Debatten, die in aller Regel nur der kurzfristigen Eindämmung, aber nicht der Lösung der Probleme dienen. Was bei diesem atemlosen Aktionismus auf der Strecke bleibt, und dies erfüllt uns mit großer Sorge, ist die Glaubwürdigkeit des Sports, die für alle Beteiligten das wichtigste Kapital ist.

Diese Glaubwürdigkeit zurückzugewinnen, muß unser oberstes Ziel sein. Resignation ist dabei kein Gesichtspunkt. Wir werden es jedoch nur schaffen, wenn es uns gelingt, dem Sport jenen Sinn und Nutzen zurückzugeben, den er für die Gesellschaft hatte und – stärker denn je – haben muß. Gerade heute muß der Sport Vorbild sein, indem er sich seiner positiven Werte besinnt. Gerade heute muß er zeigen, daß er es mit dem Fair Play ernst meint, daß seine soziale Dimension der Solidarität und der Internationalität kein abgesunkenes Gut, sondern aktuelles Leitmotiv ist, das eine auseinanderdriftende Gesellschaft dringend braucht. Wer kann überzeugender als der/die Spitzensportler/-in sagen: Schaut nicht auf Rasse, Religion oder Hautfarbe. Achtet den Menschen, wo immer er herkommt. Sie sind es, die schwarze und gelbe Freunde haben, die als moderne Globetrotter auf der ganzen Welt zu Hause sind, auch wenn sie auf der Schwäbischen Alb daheim sind.

Nun ist der Sport keine Insel der Seligen. Wir wissen, daß er in einer Konkurrenzgesellschaft stattfindet, in der Ellbogen oft wichtiger sind als das Miteinander, in der auch der Leistungssport oft mehr war als der das bloße »citius, altius, fortius«. Doch mit dem Fall der Mauer und dem Auflösen der Blöcke braucht der Sport kein Mittel mehr zum politischen Zweck zu sein. Unbelastet von Systemzwängen kann er seine kreativen Kräfte frei und offensiv entfalten und sie vor allem dort einsetzen, wo sie im Sinne eines friedlichen Zusammenlebens bitter benötigt werden, bei der Jugend, die in schwierigen Zeiten heranwächst. Gibt es für sie bessere Leitbilder als Sportler, die ihre Kräfte im chancengerechten Wettstreit messen, Größe in Sieg und Niederlage beweisen?

Wir bekennen uns zur Leistung, weil sie uns Freude macht, sie uns antreibt, Neuland zu betreten, Grenzen auszuloten, die Ungewißheit der Zukunft zu bewältigen. Sie ist der Motor des Fortschritts. Wir sehen aber auch, daß im Zeitalter der nahezu unbegrenzten Technik nicht alles, was machbar ist, gemacht werden muß. Die Notwendigkeit, Grenzen zu setzen, ist unübersehbar geworden. Wir wissen: Jede Leistung hat ihren Preis – aber keine Leistung zu jedem Preis. Dies sei verstanden als klare Absage an jeden Versuch der Manipulation, der ein regelgerechtes Sporttreiben verhindert. Doping ist nicht nur eine Manipulation des menschlichen Körpers, sondern auch eine Manipulation der Wahrheit. Dies sei auch gesagt als Aufforderung an das Internationale Olympische Komitee, den Anti-Doping-Kampf des deutschen Sports weltweit nachdrücklich zu unterstützen. Dies sei auch verstanden als Ermutigung an die Athleten, eine Niederlage nicht als Schande zu begreifen.

Wir brauchen den Dialog aller am Sport beteiligten Partner. Deshalb appellieren wir

- an den Staat, die Autonomie des Sports ernst zu nehmen und ihn dort zu stärken, wo die eigene Kraft nicht ausreicht. Der Sport darf nicht mit Forderungen überfrachtet werden, die seinem Wesen fremd sind und nur der nationalen Repräsentation dienen. Wichtiger als Medaillenzählen, gerade auch im Hinblick auf ein vereintes Europa, ist eine stärkere Betonung des völkerverbindenden und friedensstiftenden Charakters eines fairen Sports. Wichtiger ist auch die politische Unterstützung all jener Kräfte im deutschen Sport, die wirklich um dessen Akzeptanz in der Bevölkerung bemüht sind.

- an die Wirtschaft, die sich bei der Förderung des Spitzensports ebenfalls stärker von gesellschaftlichen Zielen leiten lassen sollte. Selbstverständlich muß sie darauf achten, daß sie für ihre Leistungen angemessene Gegenleistungen erhält. Und sie wird dies um so mehr tun müssen, als sie sich selbst in schweren Wassern befindet. Aber sie wird auch gut beraten sein, nicht nur in kurzfristigen Kosten-Nutzen-Kategorien zu denken, sondern die Zusammenarbeit mit dem Sport als gleichberechtigte, langfristige Partnerschaft zu begreifen. Gerade in schweren Zeiten erweist sich der gute Partner als ebenso unbequemer wie verständnisvoller Wegbegleiter.

- an die Medien, die mehr sehen und berichten müssen als Rekorde und Sensationen. Das Leistungsmaximum, das Spektakuläre und Einschaltquoten- bzw. Auflagenträchtige kann nicht das Maß aller Dinge sein. Sport ist mehr. Auf dessen Vielfalt sollten sie sich wieder besinnen, auch den scheinbaren Mauerblümchen Aufmerksamkeit schenken, weil sie ebenso zu dem Faszinosum Sport gehören wie Franz Beckenbauer und Boris Becker. Wer nur Fußball und Tennis aufgreift, läßt die Kluft zwischen arm und reich im Sport noch größer werden und vergißt darüber, daß gerade die Medien die wichtige soziale Funktion des Sports ins Bewußtsein tragen können.

● an die Funktionäre, die sich wieder ihrer dienenden Funktion erinnern sollten. Es kann nicht sein, daß ihr Tun oftmals mehr von Eitelkeiten und Egoismen geleitet wird als von der Verantwortung für das Wohl des Sports. Sie müssen sich einem Dialog öffnen, der Lernbereitschaft und Kritikfähigkeit voraussetzt, der Nachdenken über die Zukunft nicht durch kurzatmige Tagespolitik ersetzt. Und sie müssen die Sportler, für die sie da sind, nicht umgekehrt, als mündige Athleten respektieren – als Persönlichkeiten, die ihren eigenen Kopf haben und ihn zu benutzen wissen.

● an die Sportler/-innen, die sich ihrer Bedeutung und ihrer Beschränkung bewußt sein müssen. Sie sind es, die einen großen Teil der Last tragen, die Vorbilder sein sollen in einer Gesellschaft, die so wenige davon hat. Sie müssen wieder Vertrauen setzen können in alle Beteiligten an der schönsten Nebensache der Welt, die für viele schon zur Hauptsache geworden ist. Sie müssen wieder darauf bauen können, daß die anderen Beteiligten es ehrlich mit dem Sport meinen. Wenn sie diese Gewißheit bekommen, müssen sie sich uneingeschränkt und ehrlich den Regeln unterwerfen, die sich der Sport zu seinem und der Gesellschaft Wohl geschaffen hat.

In diesem Sinne schließen wir – wie wir begonnen haben – mit einem Zitat des Schwaben Hermann Hesse: »Und jedem Anfang wohnt ein Zauber inne, der uns beschützt und der uns hilft zu leben.«

Dieter Baumann, Arnd Schmitt, Matthias Kleinert.

[1] Veröffentlicht in der »Stuttgarter Zeitung« vom 11.12.1992

Fremder in der Kunstwelt der Medien

»Früher mußten Sportler noch singen, um ihren Starnimbus zu erhöhen. Heute ähneln ihre Auftritte bereits denen von Popstars. Jeder Gesang störte da nur. Die Sportreporter wiederum ahmen die Sportler nach. Ein bayerischer Fußballberichterstatter läßt im Fernsehen Witze erzählen, ein norddeutscher Kollege unternimmt den Versuch einer frivolen Talk-Show, andere wechselten ganz ins Quiz- und Showfach.« Was der Medienkritiker Dietrich Leder hier in wenigen Sätzen sagt, ist eine Zustandsbeschreibung dessen, was heute unter Mediensport verstanden wird.

Dieter Baumann ist ein Teil davon, und er ist sich dessen auch bewußt. Damit ist ihm eine Rolle zugewiesen, die ihm ein hohes Maß an Fremdbestimmung aufbürdet, ohne daß er sich entscheidend dagegen zur Wehr setzen kann, es sei denn, er würde sich völlig verweigern. Er selbst spricht von einer »Schein- oder Kunstwelt«, in die er sich hineingelaufen hat, inklusive des Risikos, sich zu verlaufen. Diese vom Fernsehen geprägte Welt verlangt nach Sportlern als letzte Universalhelden der Gegenwart. Wie Politiker sollten sie das Auftreten vor den Kameras trainieren, indem sie sich gestische und mimische Routinen aneignen. Sie sollten Floskeln lernen und bei passenden Gelegenheiten fallenlassen, mit vielen netten Worten das Nichts perfekt ausdrücken. Wenn sie darin eine gewisse Fertigkeit erreicht haben, verschwimmen die Grenzen zwischen Sport und Show vollends, weil sie dann Showmaster werden können. Das Rohprodukt Sport ist so zum Fertigprodukt Fernsehshow geworden.

Dieter Baumann hat dazu ein gespaltenes Verhältnis. Zum einen weiß er, daß seine privilegierte Position ohne diese Unterhaltungsindustrie nicht denkbar wäre, zum andern ist er Realist genug, um zu merken, daß sie mit dem wirklichen Leben wenig gemein hat. Wenn er allein seine Disziplin betrachtet, stellt er fest, daß nicht die Leichtathletik interessiert, sondern ihre Überfigur Baumann, die auf die Bedürfnisse des elektronischen Entertainments hingetrimmt werden soll. Was sollen Sat 1 oder RTL mit Kugelstoßen oder Diskuswerfen anfangen, wenn sie die Personality-Story des Prominenten brauchen? Warum sollen sie sich mit unpopulären Themen beschäftigen, wenn die verführerischen Trikots der Sprinterinnen viel höhere Einschaltquoten bringen?

Mit der ihm eigenen Neugier hat sich der Mensch Baumann auf diese Plastikinsel begeben und dabei entdeckt, daß er für sie nur bedingt tauglich ist. Ihm fehlt die glatte Anpassungsfähigkeit, um als ferngelenkte Marionette durch die Studios zu turnen, aber auch der Willen, diese Hektik, Beliebtheit und Oberflächlichkeit zu ertragen. Einer wie er kann sich noch mit dem »Aktuellen Sportstudio« des ZDF anfreunden, aber nicht mehr mit Schreinemakers. Der sensible Schwabe spürt instinktiv, wo er zu Hause ist und welche Umgebung im Zweifel auch kontraproduktiv sein kann. Darin liegen Glück und Begrenzung. Sein Glück ist, daß er mit seinem unverstellten Wesen viel Authentizität und damit Glaubwürdigkeit vermittelt. Seine Begrenzung resultiert nicht aus seinem schwäbischen Dialekt, sondern aus seiner Weigerung, seine Persönlichkeitsstruktur zu verändern, um sie mit allen Bedürfnissen des Showbusineß' in Einklang zu bringen. Damit reduziert er seine Verdienstmöglichkeiten, vergrößert aber seinen Sympathiebonus. Dieter Baumann ist klug genug, um zu wissen, was er tut.

Ich bin ein Läufer zwischen zwei Welten. Hermann Hesse ist die eine, private, der moderne Sport die andere, öffentliche. Hesses Welt ist mein Ruhepol. Hierher komme ich zurück, hierhin muß ich zurück, wenn ich wieder einmal das Gefühl habe, die ganze Welt stürzt über mir zusammen. Ich brauche dann das Heimelige, mein Kanapee, den Kaffeeduft in der Küche, meine Pendeluhr, die ganz regelmäßig schlägt, wenn draußen alles aus den Fugen zu geraten scheint. Bosnien, Tschetschenien, Somalia – alle Konflikte auf diesem Globus sind dann Lichtjahre weit weg. Agenten, Präsidenten, Sponsoren sind völlig ausgeblendet. Der Baumann, der hier in innerer Emigration ruht, hat nichts mehr mit der öffentlichen Person zu tun, der im Stadion zugejubelt wird und die danach tausenderlei Verpflichtungen nachkommen soll.

Dieser Rückzug kann manchmal so total sein, daß es mich selbst ängstigt. In diesen Stunden bin ich wirklich entrückt. Ich sitze am Kachelofen einer Bauernstube, einen Krug Most und einen Laib Schwarzbrot vor mir auf dem Tisch, leichter Rauch liegt in der Luft, und draußen vor der Tür stimmt einer ein kleines Lied an. »Es steht ein müder Wandrer, vor einer Restauration, das ist gewiß kein anderer, als der verlorene Sohn.« Knulp ist's, mein Freund, der zu essen und zu trinken braucht und dann weiterziehen will. Er soll haben, was ich habe, damit er weiter leben und ich ihm folgen kann.

Ich weiß, daß das sehr versponnen, sehr romantisch, manchem Superrealisten wohl verlogen-kitschig in den Ohren klingt. Enge Freunde sagen mir auch immer: Wie verklärst du doch den Knulp und seine Zeit, du Romantiker. Dieser Landstreicher hat gefroren, gehungert und ist am Ende elend gestorben. Was soll ich darauf antworten? Stimmt alles, aber eben doch nicht ganz. Für mich bleibt Knulp der Held, weil er nach seiner Fasson glücklich war.

Ich will diese kleinen Fluchten in die Vergangenheit keineswegs verherrlichen und die Zeiten damals schon gar nicht. Ich will mit ihnen etwas verdeutlichen, was mit der Gegenwart zu tun hat. Es geht ja nicht nur mir so, daß man ständig das Gefühl hat, von dieser Gesellschaft überfordert zu sein. Ein Bauer vor hundert Jahren hatte keinen Streß in unserem heutigen Sinn. Er wußte, wann er seine Kühe zu melken hatte, und daß er schlechtes Wetter nicht beeinflussen konnte. Heute rasen Milliarden von Informationen über die Datenautobahnen rund um die Welt. Die Niederschläge von den Jungferninseln in der Karibik sind auf Knopfdruck abrufbar. Wenn in Kobe tausende von Menschen bei einem Erdbeben sterben, sind wir praktisch live dabei. Wenn der Dollar rauf- und runtertaumelt, flimmern die Zickzackkurse der Börsen in Tokio und New York an unseren Augen vorbei. Global village nennen sie es, und dennoch habe ich manchmal den Eindruck, als wären wir weiter voneinander entfernt als früher. Entwurzelt und heimatlos. Andere sagen auch Fortschritt dazu, und ich frage mich dann, ob die Menschen in der Lage sind, ihm auch gedanklich zu folgen. Für meinen Teil gebe ich gerne offen und ehrlich zu, daß ich damit große Mühe habe. Mein Horizont reicht dafür schlicht nicht aus, obwohl er nicht am schwäbischen Albrand endet. Ist es da verwerflich, wenn ich mich gelegentlich nach dem Einfachen und Überschaubaren zurücksehne? Wenn ich bewußt zu einem Buch von Hermann Hesse greife und mich mit ihm in eine andere Welt absetze?

Was Philosophen als »neue Unübersichtlichkeit« bezeichnen, ist für mich eine Bedrohung. Anything goes, alles ist beliebig, und in absehbarer Zeit werden wir dieses Chaos über 500 Fernsehkanäle in die Wohnzimmer gespült bekommen. Was passiert denn da in den Familien, mit den Kindern? Alle Welt redet von Kommunikation, aber was haben sich die Menschen denn noch mitzuteilen, zwischen »Glücksrad«, »Marienhof« und »Scharfen Waffen, heißen Kurven«? Der Schriftsteller Hans Magnus Enzensberger hat das in einem »Stern«-Interview für mich sehr treffend ausgedrückt. Die meisten Fernsehprogramme hätten den Zustand vollkommener Leere erreicht, sagt er, die Zuschauer benutzten sie als Tranquilizer, und insofern sei diese Art von Fernsehen eher ein Teil der Pharmaindustrie. Woher also die Orientierung nehmen? Ich für meinen Teil habe es mir abgewöhnt, mich elektronisch einlullen zu lassen. Zu Hause bei uns gibt es Tagesschau, Monitor, Panorama, Scheibenwischer und Reiseberichte. Das reicht.

Mir ist klar, daß in diesem Spiel der Sport nur eine kleine, aber keine ganz unbedeutende Rolle einnimmt. Wenn Milliarden in den Sport gesteckt werden, wenn die heimlichen Herrscher Berlusconi, Kirch und Murdoch den Sport als idealen Tummelplatz für ihre Geschäfte ausgemacht haben, dann wird das seinen Grund haben. Brot und Spiele. Hier wird soviel Geld verdient, daß sich Leo Kirch auch noch den Luxus leisten kann, seinem Duz-Freund Helmut eine eigene Kanzler-Sendung einzuräumen.

Der Sport bringt Quote und Marktanteile, weil wir in einer Zeit leben, in der alle jung, fröhlich, fit for fun sein müssen. So ist er zu einem Teil der Unterhaltungsindustrie geworden, die das Leben zur Gameshow macht. Wir Sportstars sind ihre Helden, und damit haben sich auch unsere Rollen gewandelt. Es reicht ja längst nicht mehr, daß wir nur laufen, springen und hüpfen. Wir sollen wieselflink und witzig sein, rhetorisch rund und rasant, sauber und schnell. Ich muß auf der Tartanbahn so souverän wie vor der Fernsehkamera sein, auf der Rednertribüne so überzeugend wie im Zieleinlauf. Aber interessiert sich von den professionellen Unterhaltern wirklich jemand für den Menschen hinter der Maske?

Ich entsinne mich in diesem Zusammenhang besonders lebhaft an einen Auftritt bei Frau Schreinemakers. Mein damaliger Manager Werner Köster hatte mir die Sat-1-Talkshow ans Herz gelegt. Tolle Geschichte, hohe Einschaltquoten, klasse Forum. Du mußt mehr machen, als nur Rennen gewinnen, hat er gesagt. Du

Prominenz auf dem Talkshow-Fließband von Sat 1: Pro Person (von links: Dagmar Hase, Franziska von Almsick, Margarethe Schreinemakers, Heike Henkel, Dieter Baumann) blieben 3,75 Minuten Zeit. (Foto: Sat 1)

mußt über die reine Sportsendung hinauskommen, interessant werden für ein breiteres Publikum, dann hast du einen größeren Markt und damit neue Sponsoren. Soweit der Schnellkursus in Sachen Big Business.

Also lasse ich mich nach Köln einfliegen. Nur schöne Menschen um mich herum. Blonde Frauen in superengen Minis reichen Sekt. Jede(r) scheint so bedeutend, daß du um die Sendung fürchtest, sollte eine(n) von ihnen der Herzkasper überraschen. Frau Schreinemakers erzählt, wie sehr sie sich über meinen Besuch freut. Franziska van Almsick, Dagmar Hase und Heike Henkel sind auch da. Wir haben zusammen 15 Minuten Zeit, bleiben pro Person 3,75 Minuten. Frau Schreinemakers hat eigentlich keine Fragen, weil sie sich im Grunde gar keine Antworten anhören kann. Und so hockst du in dieser Kunst- und Scheinwelt, wirst mit irgendwelchen Herz-Schmerz-Geschichten konfrontiert, und weißt nach fünf Minuten, daß du nur Staffage bist. Für einen Sender, der Prominenz am Fließband abfertigt, für eine Moderatorin, die dich nur für ihr eigenes Ego braucht, der du als Person schnurzpiepegal bist. Dann habe ich mir geschworen: Das nächste Kasperletheater kann ohne mich stattfinden.

Da lobe ich mir so einen öffentlich-rechtlichen Sender wie den Norddeutschen Rundfunk. Da wirst du nicht von durchgestylten Glamourgirls empfangen, da steht ein ganz normaler Mensch in abgewetzten Jeans herum, der seinen Drum-Tabak dreht und dich zu einem Moderator (Gerd Delling) bringt, der dir 45 Minuten Zeit gibt, um über Sport und die Welt zu diskutieren. Ich weiß, daß dieses solide Handwerk ausstirbt, weil nur noch live, live und die Sprüche von ein paar Lichtgestalten zählen.

Auch beim Süddeutschen Rundfunk lebt ein solches Fossil: Rudolf Werner, hochgeachteter Filmemacher und Autor zahlreicher Sportdokumentationen. Monatelang hat er mit mir und Isabelle gearbeitet. Er war bei Arztterminen dabei, im Trainingslager, bei uns in Herrlingen und hat daraus das dreiviertelstündige Psychogramm »Der weiße Kenianer« gefertigt. Werner ist nicht von der schnellen Eingreiftruppe, die kurz einen O-Ton einfängt (»gratuliere Dieter, wie fühlst du dich nach dem Lauf?«) und dann atemlos weiterhetzt. Er und sein Team wollten etwas erfahren, sie haben mich als Mensch ernstgenommen und dafür viel Zeit aufgewendet. Der Film wurde anschließend von der Presse hochgelobt, aber wer weiß schon, daß Werner wie ein Löwe kämpfen mußte, daß er wenigstens in den Dritten Programmen zu einer vernünftigen Zeit gesendet wurde. Ich befürchte, daß solche ernsthaften Journalisten im Fernsehen keine Zukunft mehr haben. Ihre Arbeit ist zu teuer und paßt offensichtlich nicht mehr in die Zeit.

Die Absichten der Fernsehanstalten liegen auf der Hand: Für sie ist der Sport ein Quotenfänger, der das Massenpublikum an jeweilige Sender binden soll. Dazu taugen weder Bahnengolf noch Gewichtheben, auch die Leichtathletik nicht. Helmut Thoma, der Boß von RTL, hat das einmal schonungslos bekannt. Nach den vier interessantesten Sportarten befragt, antwortete er: erstens Fußball, zweitens Fußball, drittens Fußball und viertens Tennis, aber nur solange Steffi Graf und Boris Becker dabei sind. Und wie das dann umgesetzt wird, beweisen die Yuppies um Reinhold Beckmann immer auf wunderbare Weise. Mit ihrer Sendung »ran« glorifizieren sie den Fußball und seine Akteure, weil sie die teuer eingekaufte »Ware« – an diesem Begriff stößt sich heute niemand mehr – nicht schlecht verkaufen dürfen. Bei »ran« gibt es nur noch Super-Spiele, Super-Typen, Super-Tore, Super-Biere, Super-Moderatoren und Zuschauerrekorde. Da lacht natürlich das Herz von Holsten.

Aber was ist mit den anderen, den »kleinen« Verbänden, von denen es in Deutschland immerhin noch 54 gibt? Nehmen wir die Leichtathletik: Bis 1994 lagen die Übertragungsrechte bei ARD und ZDF. Danach bot sie der DLV auf dem freien Markt an. Die Öffentlich-Rechtlichen offerierten 500 000 Mark pro Jahr, das Deutsche Sportfernsehen (DSF), das zur Familie des Medienzaren Leo Kirch gehört, drei Millionen. Selbstverständlich erhält DSF den Zuschlag, nur hatte der Verband übersehen, daß diesen Sportkanal kaum einer guckt. Deutsche Meisterschaften mit 300 000 zugeschalteten Haushalten – das ist bitter für Sportler und Sponsoren. Was tun ARD und ZDF? Sie weigern sich, Zweitrechte von der Kirch-Filiale zu erwerben, weil sie die Konkurrenz nicht stärken wollen. Und was tut das DSF? Es überträgt zwar wacker 40 Stunden im Jahr, weil man das garantiert hat, nimmt das Desinteresse in Kauf und entzieht diese Sportart weitgehend der Öffentlichkeit. Und was steckt dahinter? Eine ganz einfache Rechnung. Der Rechtemarkt wird leergekauft, damit kein anderer aus diesem Angebot schöpfen kann. Das heißt: Man kauft Rechte nicht primär, um sie zu senden, man kauft sie, damit andere sie nicht senden können. Das mag nun marktstrategisch äußerst clever sein, aber für meine Sportart ist es verheerend, wenn sie im Grunde unter Ausschluß der Öffentlichkeit stattfindet.

Wenn ich über solche Probleme nachdenke, habe ich

des öfteren den Verdacht, daß ich bald zum Außenseiter in meiner eigenen Generation werde. Es ist weniger der selbstgestrickte Wollpullover, der mir um die Rippen schlabbert, und auch nicht das selbstgebackene Bananenbrot, das auf meinem Tisch steht. Das mag noch irgendwo in die Landschaft passen. Ich habe eher das Gefühl, daß ich mit meinen Ansichten und meinem Verhalten aus der Mode komme. Als wäre ich ein verspäteter Alt-68er, ein zurückgebliebener Exot. Wenn ich mich bei Gleichaltrigen umsehe, egal, ob es Sportler sind oder nicht, stelle ich immer wieder diese Kluft fest. Sie ziehen den Kopf an der Stelle ein, wo ich ihn hinhalte. Sie schicken mich in die Verhandlungen mit den Funktionären. Der Dieter wird's schon richten, doch für die Beulen gibt es keinen Dank. Sie finden Margarethe Schreinemakers, Thomas Gottschalk und Jürgen von der Lippe toll, ich schaue mir lieber einen Dieter Hildebrandt an, obwohl ich weiß, daß er ein Dinosaurier ist. Aber er wird so wenig unter das Artenschutzabkommen fallen wie ich. Soll ich mich deshalb ändern? Einen Teufel werde ich tun.

Die gedruckten Medien können sich diesem Sog nicht entziehen. Auch sie leben mehr und mehr von der schnellen Schlagzeile, von der mit heißer Nadel gestrickten Geschichte. So passiert's halt bei »Focus«, daß meine verletzungsbedingte Absage der Weltmeisterschaft 1993 zum »Trick« wird. Obwohl niemand von dem Magazin mit mir gesprochen hatte, wußte es weltexklusiv, daß ich in Stuttgart starten würde. Angeblich soll Isabelle erklärt haben, mein frühzeitiges Nein im April sei »aus taktischen Gründen« erfolgt. Ich hätte mir die Journalisten vom Leib halten wollen, die dann bis zum August auf der Matte gestanden wären, um ihre Geschichten über die »Gold-Hoffnung Dieter« schreiben zu können. Die Wahrheit war, daß mein malader Knöchel einfach kein ausreichendes Training zugelassen hatte. Ich hätte vielleicht mitlaufen können, aber wem wäre gedient gewesen, wenn ich mit Ach und Krach noch in den Endlauf gerutscht wäre?

Was beim Fernsehen die Quote ist, macht bei den Printmedien die Auflage. Die Personality-Story ist auch hier das absolute Muß. Ich erinnere mich noch gut an eine Anfrage einer Journalistin von »Tango«, die natürlich alles erfahren wollte, nur nicht meine Trainingsgeheimnisse. Die Fragen kreisten immer um Isabelle, wie ich mit ihr lebe, was ich an ihr liebe, wie es mit Kindern aussieht. Ich habe eigentlich nur noch darauf gewartet, daß sie wissen wollte, welche Stellungen wir im Bett bevorzugen. Die Attacken auf deine Privatsphäre sahen zum Beispiel so aus: Reporterin fragt mich, wann ich meine Frau kennengelernt habe. Sportskamerad, der zufällig mithört, antwortet ihr »beim Akt«, Reporterin ist zufrieden. Eine absurde Situation, die einen nur noch mißtrauischer gegenüber dieser Spielart von Journalismus macht.

Aus solchen Erfahrungen habe ich gelernt, daß es keinen Sinn hat, mit Boulevardmedien zu kooperieren. Sie werden immer nur die Homestory, den Sexskandal, das Baby auf dem Wickeltisch wollen. Aber dazu bin ich nicht bereit, dazu ist Isabelle nicht bereit, und deshalb taugen wir für sie nicht als Helden. Aus diesem Grund war auch die Idee von meinem früheren Manager Werner Köster zum Scheitern verurteilt, uns auf dem Boulevard besser zu plazieren.

Ich bin halt wie ich bin und will mich auch nicht verbiegen. Die Journalisten bei den seriösen Zeitungen und Zeitschriften akzeptieren diese Haltung, und sie schätzen sie auch, soweit ich das beurteilen kann. Ob sie bei der Süddeutschen, FAZ oder bei der Stuttgarter Zeitung arbeiten, beim Spiegel oder bei Sports, mit ihnen ist eine offene Diskussion möglich. Hier versucht nicht der eine den andern über den Tisch zu ziehen, hier sitzen noch solide Handwerker, die sich ernsthaft mit uns und unserem Sport beschäftigen. Diese positiven Beispiele habe ich auch vor Augen, wenn ich Seminare besuche, in denen Nachwuchsjournalisten ausgebildet werden. Vielleicht kann ich damit einen kleinen Beitrag dazu leisten, daß der Sportjournalismus nicht völlig in die Unterhaltungsecke abdriftet. Vielleicht bleibt ja etwas hängen, wenn ich den fairen Umgang miteinander fordere, wenn ich darum bitte, vor dem Schreiben das Gehirn einzuschalten. Marktschreier gibt es in dieser verrückten Medienwelt schon genug. Ohne einen Rest an Besonnenheit dreht sie noch völlig durch, und wir rotieren mit.

Laufen zwischen Markt und Moral

»Über Geld schwätz' i net.« Mit diesem Standardsatz pflegt Dieter Baumann alle indiskreten Nachfragen nach seinen Einkünften zu beantworten. Es ist für ihn wahrscheinlich der Gipfel der Offenbarung, wenn er einräumt, daß er vom Laufen gut leben kann, aber natürlich nur deshalb, weil er als Schwabe nicht viel brauche. Und so läßt er es einfach unkommentiert stehen, wenn die Agenturen schreiben, er sei der »erste männliche Leichtathletik-Millionär Deutschlands« (Sportinformationsdienst). Dazu würden ihm sein Vertrag mit dem japanischen Ausrüster Asics verhelfen, die üppigen Startgelder sowie sein Verein Bayer Leverkusen, der ihm eine erkleckliche Summe überweise, insbesondere seitdem er auch noch für das firmeneigene Schmerzmittel Alka Seltzer Reklame laufe. (Was Baumann aber nicht öffentlich zur Anwendung bringen muß.) Er sagt dazu nichts. Sollen sich die Leute den Kopf darüber zerbrechen, wenn sie es unbedingt wollen, seine Kontobewegungen sind nicht sein Problem, höchstens jene seines Steuerberaters. Und im übrigen ohnehin ein »Nasenwasser« im Vergleich zu den Geldern, die im Tennis- oder Motorsport kassiert werden.

Was mit Gewißheit festgehalten werden kann, ist soviel: Der Junge weiß, was er wert ist. Kaum einer hat so schnell kapiert, wie das Kapital einer Goldmedaille zu mehren ist. Viel ist er nach seinem sensationellen Sieg in Barcelona gerannt, als alle Welt noch einmal ein Remake sehen wollte. In Koblenz, Köln, Berlin und Biberach, und dabei dürfte der Publikumsliebling, der heute mehr einsackt als weiland Krabbes Katrin, meist mit einem fünfstelligen Betrag ins heimische Herrlingen zurückgefahren sein. Warum auch nicht? Er verhält sich nur streng marktwirtschaftlich, nach Angebot und Nachfrage.

Und der Markt heißt Europa. Hier ist die Leichtathletik zu Hause, hier wird bei den Meetings von Sevilla bis Stockholm richtig Geld verdient, die Etats der Veranstalter wachsen kontinuierlich und die Ansprüche der Athleten mit. Der Sprinter und Weitspringer Carl Lewis, die langjährige Lichtgestalt dieser Sportart, hat diese Preissteigerungen am konsequentesten für sich genutzt, indem er in Europa kann unter 100 000 Dollar pro Rennen an den Start gegangen ist. In den USA, seiner Heimat, in der die Leichtathletik an 39. Stelle in der Beliebtheitsskala steht, hätte er nur einen Bruchteil dieser Tantiemen erhalten. Stars dieser Preisklasse, insbesondere ihre Manager, wissen, daß das Ende der Fahnenstange noch nicht erreicht ist. So fordern sie auch unverblümt Startgagen bei den Weltmeisterschaften, was Weltverbandschef Primo Nebiolo bisher nur dadurch umgehen konnte, daß Mercedes Benz jedem Sieger bei diesen Titelkämpfen eine Limousine der C-Klasse vor die Haustür stellt.

Im nationalen Rahmen findet dieses nüchterne Marktverhalten seinen Niederschlag in den Auseinandersetzungen der Athleten mit dem DLV, für den es immer schwieriger wird, seine prominenten Vertreter für Länderkämpfe zu verpflichten. Sie ziehen es eben vor, bei hochdotierten Sportfesten anzutreten, anstatt zur Ehre des Vaterlandes zu laufen. Moralische Appelle helfen dagegen sowenig wie hilflose Versuche der Verbandsführung, mit vierstelligen Prämien fürs ganze Jahr zu locken. Auch bei den Leichtathleten wird sich über kurz oder lang dieselbe Situation wie im Tennis ergeben: Wenn der Verband will, daß Baumann & Co. ins schwarzrotgoldene Trikot schlüpfen, wird er nicht umhinkommen, sie vertraglich an sich zu binden. Und das wird teuer. Der Olympiasieger kann darauf verweisen, daß es Zeiten gab, in denen er länger auf dem Bildschirm zu sehen war als die gesamte deutsche Leichtathletik. Er ist es, um den sich die

Veranstalter reißen, weil seine Präsenz die Zuschauer, das Fernsehen und damit die Sponsoren bringt. Der »weiße Kenianer« gegen die schwarze Übermacht, und das über 13 Minuten lang an den Werbebanden vorbei, da scheint sich das eingesetzte Kapital zu verzinsen. Dieses stilisierte Duell schwarz gegen weiß, dieses Einer gegen Alle, ist dabei bewußt kalkuliert, wenngleich nie als latenter Rassismus offengelegt. Da mag der Internationalist Baumann Bekenntnisse (»achtet den Menschen, wo immer er herkommt«) zuhauf ablegen – diesen Kampf wird er nicht gewinnen.

Bin ich geil aufs Geld? Sagen wir's mal so: Ich habe ein relativ entspanntes Verhältnis dazu, weil ich weiß, daß man zuerst ans Laufen denken muß und dann ans Geld. Umgekehrt kann nichts herauskommen. Ich brauche keinen Wohnsitz in Monaco, mir reicht meine Hütte in Herrlingen. Muß ich zum Steuern sparen ins Ausland? Ach was, wenn ich noch ein zweites Dach über dem Kopf brauche, lasse ich mich bei Kipchoge Keino in Kenia nieder. Dort neben seiner Schule für Waisenkinder werden noch kleine Bungalows gebaut. Mit 20 000 Dollar ist man dabei, und das meine ich nicht nur finanziell. Du mußt nur in die Augen der Kids gucken, und du weißt, was es heißt, Anteil zu nehmen.

Muß ich Designerklamotten tragen? Verschleudertes Geld. Ich darf doch auch zweiter Klasse Zug fahren mit der Bahncard. Oder? Das ist kein Image, an dem ich feile, das ist halt der Baumann, der in einer schwäbischen Handwerkerfamilie aufgewachsen ist, die für Protzereien noch nie anfällig war.

Gut. Man nennt mich Deutschlands bestverdienenden Leichtathleten. Ob ich's bin? Keine Ahnung. Ich weiß nur, daß ich vom Laufen gut leben kann, was wiederum nichts Ehrenrühriges ist. Manch' einer erzählt in diesem Zusammenhang gerne, was er dafür tut und worauf er verzichtet, was er dafür in Kauf nimmt und wie schnell das vorbei sein kann. Ich sage in aller Unbescheidenheit: Das ist gerechtfertigt. Ich verkaufe mich nicht unter Wert.

In meinen langen Jahren als Athlet glaube ich kapiert zu haben, wie das System Spitzensport funktioniert. Das ist nicht mehr die Welt von Turnvater Jahn, in der man frisch, fromm, fröhlich und für Gottes Lohn daherspaziert. Sport auf meinem Niveau ist Busineß, da beißt die Maus keinen Faden ab. Jeder, der daran beteiligt ist, will in irgendeiner Weise profitieren. Ob das die Sponsoren sind, die Fernsehanstalten, die Rechtehändler, die Agenten und Marketingmenschen, die Veranstalter und Sportartikelfirmen – keiner würde mir eine müde Mark geben, nur weil ich blaue Augen habe. Für sie bin ich solange wertvoll, wie ich erfolgreich bin, wie ich die Meetings zu »Baumann-Festivals« mache, wie ich Deutschlands populärster Leichtathlet bin. Ich habe das Beispiel Harald Schmid noch gut vor Augen. Harald war eines meiner Vorbilder, ein absoluter Perfektionist, ein fantastischer Sportler. Die halbe Republik hat seine Duelle mit Edwin Moses bewundert. Kaum hatte er die Spikes eingepackt, war er vergessen. Wie war es denn mit mir, 1988 nach meiner Silbermedaille in Seoul? Schwups, waren die Sponsoren da. Und wie war es nach meinem Totalausfall 1990? Schwups, waren sie alle wieder weg.

Darüber klage ich nicht, das ist einfach normal. Deine Partner kommen zu dir, verabschieden sich kurz, sagen dir, daß es eine tolle Zeit war mit dir und daß es ihnen leid tue, aber ... und schon sind sie fortgeflogen. Zum nächsten, der ihnen mehr Rendite verspricht. Man darf sich hier nichts vormachen und nach Moral rufen, wo sie keinen Platz hat. Was zählt, sind die Gesetze des Marktes, und die heißen ganz schlicht: keine Leistung, kein Einkommen. Jeder Sportler muß sich darauf einstellen. Wer es nicht tut, wird scheitern.

Ich habe meinen Ausflug in den Kapitalismus 1988 mit Jos Hermens begonnen. Jos ist einer der erfahrensten Manager im Leichtathletik-Geschäft und sollte mir die Verträge mit den Veranstaltern aushandeln. Außerdem hatte ich die Nase voll von der ewigen Ansteherei nach den Meetings. In der Regel lief das so: Nach der Veranstaltung öffnet die Zahlstelle in irgendeinem Hotelzimmer. Hinter dem Tisch thront der Mann mit der Kohle, und vor dem Tisch warten 50 Weltklasse-Leute brav in der Schlange, um ihren Anteil abzuholen. In bar, versteht sich, weil wir damals noch Amateure waren. Überweisen ging also nicht. Und wenn du dann das Pech hattest, die Nummer 50 in der Schlange zu sein, bist du nachts um zwei immer noch dort gestanden. Entsprechend froh war ich, als Jos Hermens das Geschäft übernommen hat. Die Zusammenarbeit hat bis 1992 geklappt, bis zum Fall Krabbe. Jos war auch ihr Manager und hat sie noch verteidigt, als es längst nichts mehr zu verteidigen gab. Ich habe einerseits verstanden, daß er sie nicht fallen lassen wollte wie eine heiße Kartoffel, andererseits habe ich aber nie begriffen, daß er wider besseres Wissen ihren Freispruch erreichen wollte. Selbst Siegel für Urinproben hat er besorgt, mit denen Rechtsanwalt Rauball dann »beweisen« konnte, wie leicht die Dopingkontrollen zu manipulieren sind. Nichts Illegales, sicher, aber ich hatte den Eindruck, Jos wollte einfach nicht wahrhaben, daß er eine Doping-Sünderin in seinem Stall hat. Wir haben darüber harte Diskussionen geführt, doch wir sind auf keinen gemeinsamen Nenner gekommen, und damit war für mich die Geschäftsgrundlage entzogen. Die Folge war, daß wir seitdem den Zirkus zu Hause haben. Mit allen Vor- und Nachteilen.

Die Veranstalter melden sich direkt. Gott sei Dank nimmt mir Isabelle dieses Geschäft weitgehend ab. Sie kommt mit diesen Leuten einfach besser zurecht und hat wahrscheinlich auch die angemessene Tonlage drauf. Bei mir laufen diese Gespräche immer etwas komisch ab, und ich fühle mich dabei nicht wohl in meiner Haut. Das geht dann so: Der Meetingdirektor fragt, ob ich bei ihm laufen will. Er könnte diesen oder jenen Läufer ins Feld nehmen, wenn's recht ist. Ich frage ihn, was er zahlen will. Er fragt zurück, was ich haben will und so weiter und so fort. Auch wenn man mir's nicht glauben mag: Ich bin nicht sonderlich geschäftstüchtig und schon gar kein Abzocker. Und das wissen wiederum die Veranstalter, die darauf bauen, daß ich bei ihnen aufkreuze, auch wenn sie nur ein Budget von 200 000 Mark haben. Sie konnten's ja auch in der Zürcher Zeitschrift »Sport« nachlesen, die einst geschrieben hat, ich würde eine andere Strategie verfolgen, »als die oft sinnlose, rein Geld-orientierte Vielstarterei«. In der Tat, so ist es. Ich verteile meine Rennen nicht nach dem Motto: »Wo ist am meisten Geld zu verdienen?« Sie müssen sportlich in meine Saisonplanung passen, und dann kann es schon mal passieren, daß ich für'n Appel und'n Ei antrete. Mag sein, daß sich die Veranstalter auch noch an jene Zeiten erinnern, in denen ich gesagt habe, Jungs, ich komme, und ihr bezahlt mir, was es euch wert ist. 1986 in Berlin zum Beispiel bin ich gut gelaufen und habe trotzdem mit nichts gerechnet. Und was kommt? Ein Anruf von meiner Mutter, der mich im Urlaub in Spanien überraschte. »Du hast 500 Mark aus Berlin gekriegt«, erzählte sie voller Stolz, und sofort waren meine Kumpels eingeladen. Damals hatte ich zum ersten Mal das Gefühl, daß sich laufen lohnen könnte.

Bevor jetzt aber der Eindruck entsteht, ich sei der Heilige Franziskus der Leichtathletik, möchte ich alle jene Bürgermeister und Stadträte warnen, die glauben, sie könnten mich der guten Sache wegen für ihre Stadioneinweihungen keilen. »500 Mark wären vielleicht noch drin, Herr Baumann, aber Sie wissen doch, die Gemeindesäckel sind leer« – da sagt der Baumann nein.

Der zweite Manager war Werner Köster. Der ehemalige Sportchef von »Bild« hatte sich einen Namen als Betreuer von Franziska van Almsick gemacht, und ich war einfach neugierig, wie dieses Geschäft abläuft. Bis dahin hatten wir die Vermarktung des »Produkts Baumann« ziemlich amateurhaft aus dem Bauch heraus betrieben, was durchaus geklappt hat, aber man lernt schließlich nie aus. Köster bewegte sich auf dem Terrain zwischen Sport und Show, wo ich überhaupt nicht zu Hause war, und deshalb habe ich mir gedacht, schau' dir mal an, wie die große weite Welt funktioniert. Um einen Millionenvertrag à la lila Kuh ist es dabei nie gegangen, ebensowenig wie um einen Schmusekurs mit der Boulevardpresse, wie in der Branche geunkt wurde. Man sei schon begierig, die erste Home-Story aus dem Hause Baumann in »Bild« zu lesen, witzelte die seriöse Presse. Nix da. Auch wenn's schwerfällt zu verstehen: Ich wollte wissen, wie macht der einen Star, mit wem macht er das und mit welchen Folgen. Köster kann dabei viele Hebel in Bewegung setzen. Wenn »Sports« dazu meint, der Ex-»Bild«-Mann sollte dem »unbedarften Schwaben das Einmaleins des big business' beibringen«, dann muß ich damit leben. Tatsache ist, daß Köster durch seinen alten Arbeitgeber über viele Kontakte verfügt, was nicht weiter verwunderlich ist. Der Springer-Konzern ist in Deutschland nicht nur auf dem Printsektor eine Macht, sondern über unzählige Verflechtungen auch im Fernsehmarkt. Man muß ja nur sehen, wie sich beispielsweise die Bildzeitung und Sat 1 die Bälle zuschieben. Auf dieser Klaviatur spielt Köster ziemlich virtuos, so daß ich überhaupt keine Probleme gehabt hätte, von Talkshow zu Talkshow gereicht zu werden.

Aber ich habe sehr schnell gemerkt, daß dies nicht meine Welt ist. Ich hätte zum Kunstprodukt wie »Franzi« werden müssen, und dazu bin ich nicht geschaffen. Ich bin nicht der Typ, der als glattgebügelte Maske durch die Studios hechelt und Mamas liebsten Schwiegersohn markiert. Ich kann das nicht, ich will das nicht, und obendrein macht es null Spaß. Exakt so habe ich es Werner Köster erklärt, und er hat es auch sofort kapiert. Er gehört nicht zu der Sorte Mensch, die dich dann drängt oder zu überreden versucht. Wir haben nach einem Jahr einfach gesagt, okay, das war's, lassen wir den Vertrag auslaufen, der ohnehin nur auf diese Zeitdauer angelegt war. Seitdem telefonieren wir hin und wieder miteinander, wenn er glaubt, etwas Passendes zu haben, aber alles ohne vertragliche Bindung. Warum großes Aufheben darum machen? Wir haben's probiert, es hat nicht hingehauen, und ich habe gelernt, daß ch nicht zum Medienkasper tauge. So schreitet der Mensch auf seinem Weg zur Selbsterkenntnis eben Stück für Stück voran.

Eine wesentlich gelungenere Geschichte war unsere »Baumann Promotion GmbH«, die wir an einem Freitag, den 13. November 1992, gegründet haben. Vorausgegangen waren die Verhandlungen mit den Ausrüstern Adidas, Asics und Nike, die alle auf meinem Sofa saßen und zunächst soviel in Aussicht stellten: größere Beträge und steuerliche Probleme. Adidas war schnell abgehakt, nachdem klar war, daß die Firma einen Prämienkontrakt haben wollte. Hier wäre viel zu verdienen gewesen, aber dazu hätte ich Europa- und Weltmeister und wer weiß was sonst noch alles werden müssen. Diesem Druck wollte ich mich nicht aussetzen. Bei Nike spukte immer noch Katrin Krabbe in den Köpfen herum, und dadurch waren sie nicht in der Lage, eine klare Marketingstrategie für die Leichtathletik zu entwickeln. Das Unternehmen war sich schlicht nicht im klaren darüber, ob es ihr den Rechtsbeistand finanzieren oder kündigen sollte. In diesem Kuddelmuddel hätte sich Nike entscheiden müssen: Krabbe oder Baumann. Das wollte oder konnte die Firma zu diesem Zeitpunkt nicht. Die ruhige Art von Asics (anima sano in corpore sano) war mir angenehm. Die Japaner boten mir einen gut dotierten Vierjahresvertrag, weil sie überzeugt waren, mit mir den richtigen Griff getan zu haben. Ich sei sogar preisgünstig, meinte einer ihrer Manager, mit meinem Positivimage würde ich ihrer Werbeabteilung viele andere Aktivitäten ersparen. Mit dieser Wertschätzung und ihrer sympathischen Zurückhaltung habe ich den Rücken frei für meinen Beruf. Ich kann planen, wie ich will, sie mischen sich in keiner Weise ein. Das einzige, was festgelegt wurde, ist die Teilnahme an Weltmeisterschaften und Olympischen Spielen – vorausgesetzt, der Vertragspartner ist gesund. Kein kritischer Ton zu meiner WM-Absage 1993, auch das ist in diesem harten Geschäft keineswegs üblich. Dafür stehe ich dann gerne für zwölf Promotiontermine im Jahr zur Verfügung, auch wenn nur zehn fixiert sind.

Nachdem dieser Vertrag unter Dach und Fach war, mußte sich der Steuerzahler Baumann etwas einfallen lassen. Man muß hier keinen Schmus erzählen, von wegen der wackere Schwabe nährt sich redlich und löhnt zu Hause. Natürlich ist es richtig, daß ich keinen Bock auf Monaco habe. Doch mich deshalb zum aufrechten Patrioten zu stilisieren, der aus lauter Vaterlandsliebe gerne 56 Prozent Steuern zahlt, das wäre sehr verwegen. Was sollte ich an der Côte d'Azur auch tun? Die Formel-1-Strecke rauf und runterrennen oder im Casino den wilden Zocker spielen? Und daß es sich der Steuerersparnis halber lohnte, ist auch nur die halbe Wahrheit. Das trifft auf Stars wie Stich, Schumacher und Klinsmann zu, die ihr Geld zum größten Teil im Ausland verdienen. Alles was aus deutschen Quellen kommt, wird auch nach dem deutschen Steuersatz verrechnet. Satte 56 Prozent. Ich sehe noch Rainer Henkel vor mir, wie er reumütig aus Monte Carlo zurückgekehrt ist. Diese Erkenntnis hatte ihn genauso unvorbereitet getroffen wie die fürstliche Forderung, sechs Monate im Jahr präsent zu sein. Nun gibt es in dieser Stadt zwar dienstbare Geister, die einem stellvertretend den Wasserhahn aufdrehen und das Licht einschalten, aber dafür wollen sie auch 60 000 Mark im Jahr. Sei's drum, die Henkels sind längst wieder im Lande. Sie hätten sich vielleicht nur rechtzeitig an meinen Steuerberater wenden sollen. Der Mann heißt Sonntag und ist im wahrsten Sinne des Wortes Gold wert. Er wacht darüber, daß ich brav Belege sammle, daß ich keinen obskuren Immobilienhaien (die ständig beißen) zum Opfer falle oder plötzlich Preisgelder stifte, die ich gar nicht stiften darf. Ich bin nämlich nur Angestellter bei der GmbH, kann also über deren Einkünfte nicht verfügen. Dafür ist meine Chefin, die alleinige Gesellschafterin Isabelle Baumann, zuständig. Soviel nur zu dem Kapitel »Der geschäftstüchtige Schwabe«.

Insofern wundert es mich auch immer ein bißchen,

wenn ich in Geldangelegenheiten von den Athleten zum Sprecher ausgerufen werde. Aber offensichtlich ist das Vertrauen grenzenlos. Und so stehe ich dann im Ring mit einem Präsidenten, der so geizig wie clever ist. Egal, ob es um Einsätze in der Nationalmannschaft geht, um die Verträglichkeit von Individual- oder Teamsponsoren oder um die Forderung an uns Stars, Gelder in einen Nachwuchsfonds zurückzuzahlen – Helmut Digel versucht mich immer wieder moralisch zu packen. Wer bei Europameisterschaften, Weltmeisterschaften, Olympischen Spielen und Grand-Prix-Läufen absahne, so sein gängiges Argument, müsse »selbst entscheiden, wieviel Verantwortung gegenüber dem Verband« er aufbringen wolle. Ganz schön raffiniert, der Herr Professor. Zuletzt bei der Europameisterschaft in Helsinki hat er gar behauptet, ich hätte mein Trikot bei der Ehrenrunde nur deshalb ins Publikum geworfen, um nicht mit der »falschen« Marke Reklame laufen zu müssen.

Wenn wir schon bei der Moral sind: Digel könnte sich auch mal bei seinem Generalsponsor Adidas erkundigen, warum der unser Fairplay-Trikot in Helsinki verhindert hat. Ganz einfach: Der Adidas-Schriftzug war zu klein. Soviel zum Thema Markt und Moral.

Vielleicht könnte mein Präsident die Verantwortung auch bei dem einen oder anderen Funktionär einfordern, der zehntausende von Mark an Kilometerabrechnungen vorlegt.

Vielleicht hat er auch vergessen, daß der Verband mit seinem Olympiasieger ziemlich sparsam gelebt hat. Wenn ich es hochrechne, dann gibt er pro Jahr höchstens 5000 Mark für meine Trainingslager aus. Ich möchte nicht dagegen rechnen, was ich dem DLV an Imagegewinn gebracht habe, der sich auch irgendwie in Mark und Pfennig ausdrückt.

Was ich wirklich möchte – und dagegen wird auch Digel nichts einzuwenden haben – ist ein kontrollierbares Dankabstatten. Dies erscheint mir jedoch in Form der schon angesprochenen Patenschaften seriöser zu sein, als das Geld in irgendwelche Verbandstöpfe zu stecken, von denen ich nicht weiß, wen oder was sie versorgen. Wenn ich zum Beispiel für die LG Alb/Donau geradestehen würde, wüßte ich, wo die Mittel bleiben.

Womit ich bei meinem Verständnis von Verantwortung wäre. Hier auf der Alb bin ich groß geworden, hier wurde der Grundstein zu meiner Karriere gelegt. Nicht in irgendwelchen DLV-Gremien. Ich investiere auch nicht in zweifelhafte Aktien, sondern in das Malergeschäft meines Vaters. Er hat lange genug für seine Familie geschuftet, und so kann ich jemandem danken, der Dank auch verdient hat.

Der politische Langstrecken-läufer

Die Bündnisgrünen in Bonn sind ganz begeistert von Dieter Baumann. Ja, wenn ihr von der Sorte mehr hättet, würden wir uns mit dem Leistungssport viel leichter tun, bedeuteten sie dem Präsidium des Deutschen Leichtathletik-Verbandes ohne Umschweife. Für sie ist Baumann offenbar so etwas wie ein Symbol für humane Leibesübungen und große Klappe mit viel dahinter. Die Dachlatten jedenfalls, mit denen sie sonst auf den Showsport einzuprügeln pflegen, bleiben in seinem Fall im Fundus grüner Folterwerkzeuge. Nun macht der bisweilen rebellische Langstreckenläufer keinen Hehl aus seiner Nähe zu Rot-Grün und der Distanz zu Kanzler Kohl, was ihm die Zuneigung der Partei von Hobbyfußballer Joschka Fischer von Haus aus sicherte. Aber das ist es nicht allein. Dieser Baumann steht für mehr.

Weit davon entfernt, ein Intellektueller zu sein, hat er es doch verstanden, das Klischee des stromlinienförmigen Sportlers aufzubrechen, der seinen Körper nur für Geld, Ruhm und Vaterland in Bewegung setzt. Er hat nicht dieses Image des tumben Abzockers, der sich nur für sich, Autos und Friseure interessiert. Bei einem wie ihm ist auch die Linke im Land bereit, den Sport nicht mehr nur rechts liegen zu lassen. Mit ihm können sich auch kritische Geister anfreunden, die ihre Sportleidenschaft sonst nur bei Besuchen der Frankfurter Eintracht oder den Gladbacher Borussen ausleben können. Der Sportstar Baumann hat halt Courage und eine Meinung, die sich wohltuend von dem öden Mainstream vieler seiner Kollegen und Kolleginnen (»Ja gut, das müssen Sie den Trainer fragen«) abhebt.

Er läßt sich damit jedoch nicht vereinnahmen. Zunächst einmal ist er Läufer und kein Missionar, für wen und was auch immer. Baumann spürt sehr genau, wer ihn für welchen Zweck einspannen will, und er wehrt sich sofort dagegen, wenn er merkt, daß er nur als Promi herhalten soll. Richtig grantig kann er werden, wenn er feststellt, daß nur seine Popularität benutzt werden soll, für Ziele, die nichts mehr mit ihm als Person zu tun haben. Ein Nein kommt auch sofort dann, wenn er ein Engagement nicht guten Gewissens eingehen kann. Wenn schon, dann glaubwürdig und authentisch. Nur so kann er ein überzeugender Botschafter sein, das sagt ihm einfach seine Lebenserfahrung. Das ist zum Beispiel der Grund, warum er, im Gegensatz zu vielen anderen, nicht das hohe Lied auf Greenpeace singt. Natürlich könnte er ohne Not dieses schicke und risikolose Bekenntnis abliefern. Aber er tut es nicht, weil er es konsequenterweise nicht kann. Soll er bei Bayer vielleicht auf die Kamine steigen und anschließend das Sponsorengeld kassieren? Ein Baumann vermischt solche Fragen nicht, er laviert nicht herum, sondern erklärt unzweideutig, was er wahrhaftig mittragen kann und was nicht.

Wer nun annimmt, dieses Bewußtsein habe eine vorbestimmte Geschichte, der irrt. Der Querkopf entstammt keiner politisierten Familie, die Realschule qualifizierte ihn für den Job des Fotolaboranten, nicht für eine universitäre Laufbahn. Im Leben des Dieter Baumann gab es keine politischen AG's oder Seminare über die polit-ökonomischen Rahmenbedingungen des BRD-Staates, nur die Lehrstunden des Alltags. Darüber hat er all' das gelernt, über Versuch und Irrtum, was ihn heute auszeichnet. Neugierde, Mut und einen ausgeprägten Gerechtigkeitssinn. Seine (Fort-)Bildung bestand im Miteinander mit den kleinen Leuten und im Studium der großen. Der Pendler zwischen diesen Welten hat dabei ein feines Gespür entwickelt, wer Wasser predigt und Wein trinkt, wer von Gemeinsinn spricht und Eigennutz meint. Die vielen Reisen ins Ausland, die vielen Begegnungen in der internationalen Läuferszene, haben den Horizont noch erweitert und vor allem eines gelehrt: Toleranz.

Vor diesem Hintergrund ist vieles von seinem Engagement zu verstehen, das immer Minderheiten oder Schwächeren gilt. Einer, der etwas ein Dutzend Mal, zwei Dutzend Mal, hundert Mal wiederholen kann, wenn ihm etwas wichtig ist, wie der Berlin »Tagesspiegel« notierte. Der Bauch-Mensch Baumann kann sich noch richtig empören, wenn er dringenden Bedarf verspürt. Und so steht er dann eben bei den Friedensfreunden in der Menschenkette und bei Kundgebungen gegen Ausländerfeindlichkeit hinterm Rednerpult. Sein Manuskript legt der gute Mensch von der Alb schon mal zur Seite und schwätzt wie ihm der Schnabel gewachsen ist. Er wolle die Menschen nicht langweilen, sagte er einmal nach einer solchen Veranstaltung. Das hätten die Politiker vorher schon ausgiebig genug getan.

»Achtet den Menschen« [1)]

In unserem Haus am Fuß der Schwäbischen Alb lebt eine ganz normale Familie zusammen. Mein Vater war Maler, meine Mutter Hausfrau und ausreichend damit beschäftigt, ihre sechs Kinder unter Kontrolle zu halten. Nicht, daß wir besonders schwierig gewesen wären. Wir waren einfach lebhaft, und dies hat den familiären Frieden gelegentlich auf schwere Proben gestellt, aber nie ernsthaft gefährdet. Der Grund war ganz einfach: Wir haben gelernt, füreinander dazusein.

Das gilt nicht nur für zu Hause. Das galt auch für die Schule und den Fußballplatz, wo ich zugegebenermaßen lieber war. Viel Zeit habe ich dort mit türkischen Jungs verbracht, was nicht immer ohne Prügel abgegangen ist. Doch keine Sorge, das war keine Frage der Nationalität, sondern eher ein Problem der fußballerischen Fertigkeiten, die bei den Türken oft besser entwickelt waren. Wir haben uns genauso schnell wieder versöhnt, die Hand geschüttelt, Schwamm drüber. Gegenseitiger Respekt war selbstverständlich, so selbstverständlich wie die Tatsache, daß die türkischen Eltern schon länger in Blaubeuren lebten als ein gewisser Dieter Baumann, der dort 1965 geboren ist. Die Gastarbeiter gehörten dazu und damit basta.

28 Jahre später ist alles ganz anders. Ich komme nach Ulm zu einer Podiumsdiskussion, wo aus der Normalität plötzlich ein Problem geworden ist. Zwei Vertreter von Türkeci Ulm, einem Fußballverein, berichten, daß sie elf Jahre lang nach einem Trainingsplatz gesucht haben. Verschoben wurden sie von einem Amt zum nächsten, stets mit dem Argument entlassen, es gebe keine freien Plätze mehr, was jeder halbwegs kundige Ulmer sofort als unwahr entlarvt hätte. Erst nachdem sie versichert hatten, auch noch die Kreide zum Markieren des Feldes zu bezahlen,

durften sie die Kickstiefel schnüren. Nach elf Jahren wohlgemerkt. Ein unspektakuläres Beispiel sicherlich, im Vergleich zu Hoyerswerda und Mölln auch ein eher harmloses, aber es symbolisiert etwas, das mir Angst macht: den alltäglichen Rassismus in Deutschland.

In was für einem Land leben wir eigentlich? Muß ich mich bald für die Tatsache rechtfertigen, daß ich meine Freundin Isabelle geheiratet habe, obwohl sie Wienerin, ihre Mutter Engländerin und ihr Großvater Ungar ist? Muß ich Isabelle bald bitten, nicht mehr zu sagen, daß jede Stimme für den rechtsextremen FPÖ-Haider eine Stimme zuviel ist? Muß ich bald begründen, warum meine Trainingsgruppe aus Eritreern und Ghanaern besteht?

Viele meiner Generation werden es doch genauso wahrgenommen haben: Sie sind groß geworden in einer Gesellschaft, die für sie gesorgt hat. Sie konnten sich unbeschwert entwickeln, sie konnten lernen ohne Hunger und ohne Not. Ein Leben im Wohlstand – den es ohne unsere ausländischen Mitbürger nicht gegeben hätte, und heute heißt die Parole »Ausländer raus.« Das Boot, so wird gesagt, sei voll. Kanzler Kohl sieht den Staat im Notstand, und schon macht die Große Koalition aus CDU, FDP und SPD die Grenzen dicht. Deutlicher kann die Politik ihre Hilflosigkeit nicht demonstrieren.

Dies zu verstehen fällt mir schwer, akzeptieren kann ich es nicht. Wenn ich im Ausland bin – und das ist mehr als die Hälfte des Jahres der Fall – werde ich überall gastfreundlich aufgenommen. Nun könnte man einwenden, daß dies auch nicht verwunderlich sei bei einem Olympiasieger, wenn ich da nicht andere Erfahrungen gemacht hätte. Die offenen Türen habe ich nämlich auch in der Zeit vorgefunden, in der ich ein Nobody war. Zehn Jahre lang, und nie hat mich jemand nach Rasse oder Religion gefragt. Ich war einfach da, egal, ob das in Japan, den USA oder Portugal war.

Ich erinnere mich noch genau an die Situation nach meinem Lauf in Barcelona, als ich in den Katakomben des Montjuic-Stadions auf die Siegerehrung wartete: Paul Bitok aus Kenia, der ein wunderbares Rennen bestritten hatte, mußte mit mir raus aufs Treppchen. Er hatte die Silbermedaille gewonnen. Ich habe selten einen solch glücklichen Menschen gesehen. Wie ein Kind hat er sich über den zweiten Platz gefreut, er ist mir um den Hals gefallen, hat mich beglückwünscht, und dann sind wir raus, Arm in Arm.

Mein Gott, Paul hätte das Gold genauso verdient gehabt, weil er dafür nicht weniger gearbeitet, weil er darauf nicht weniger gehofft hat als ich. (Im Gegensatz zu mir trainiert er schon beim ersten Morgenlicht, während mich keiner vor zehn aus dem Haus kriegt – soviel nur zur angeblichen Faulheit der Afrikaner.) Zu gerne hätte ich mit ihm zusammen das Lied von den Blues Brothers »Everybody Needs Somebody« gesungen, lieber jedenfalls als die Nationalhymne, was einem doch nur falsch ausgelegt wird.

Zugegeben, ich habe mitgesummt, aber nicht, weil der Baumann plötzlich zum Nationalisten geworden wäre, sondern weil ich diesem Land gegenüber, in dem ich groß geworden bin, auch positive Gefühle hege. Ich bekenne gerne, daß ich mich mit unserem demokratischen Gesellschaftssystem identifizieren kann. Ein besseres kenne ich nicht. Deshalb bin ich noch lange kein Nationalist oder gar ein Rechtsradikaler. Trotzdem, ich hätte es vielleicht besser gelassen und mir dadurch Briefe erspart, in denen mir die Absender mitteilten, endlich habe sich einer klar zu Deutschland bekannt.

Ich glaube, hier tragen auch die Medien eine hohe Verantwortung. Mich hat sehr gestört, wie mein Lauf gegen die Kollegen aus Afrika als Kampf »Weiß gegen Schwarz« stilisiert wurde. Baumann gegen Kenia, gegen Äthiopien, gegen Marokko. So als hätte ich die Fahne des Abendlandes gegen eine Horde Wilder zu verteidigen, die uns bedrohlich nahekommen. Wer solche Klischees verbreitet, trägt bewußt oder unbewußt zu einem Rassismus bei, der mir dann zum Beispiel im oberschwäbischen Biberach bei einem Straßenlauf wieder begegnet: »Dieter, mach die Schwarzen nieder«, haben mir dort die Zuschauer zugerufen.

Nun ist für mich die Frage: Was kannst du, Dieter Baumann, als halbwegs Prominenter in diesem Land, für ein friedliches Zusammenleben von Deutschen und Ausländern tun? Mir ist bewußt, daß wir Sportler, und werden wir auch noch so wichtig gemacht, keinen direkten Einfluß auf diese Entwicklung haben. Was wir können, ist Signale setzen. Wenn die Fußballfans in Frankfurt Anthony Yeboahs Einsatz fordern, wenn der schwarze Basketballer Jarvis Walker in Ulm als großer Fisch im kleinen Teich gefeiert wird, wenn Yobes Ondieki und Khalid Skah, meine härtesten Gegner auf der Bahn, mich nach Hause einladen, dann sind das für mich positive Signale. Was ich nicht kann, ist eine Politik zu ersetzen, die spaltet statt zusammenführt. Ich kann keine Arbeitsplätze schaffen, weder hierzulande noch außerhalb unserer Grenzen, wo sie geschaffen werden müßten, um der weltweit drohenden Katastrophe Herr zu werden.

Was ich kann, ist zu appellieren und am eigenen Beispiel zu zeigen, daß es auch anders geht. Selbstverständlich nehme ich an Diskussionsrunden mit Schülern und jungen Journalisten teil und sage ihnen, guckt nicht auf Rasse, Religion und Herkunft, achtet den Menschen, wo immer er herkommt. Selbstverständlich beteilige ich mich an Aktionen des Sports, die sich gegen Ausländerfeindlichkeit richten, weil ich immer noch glaube, daß der Sport eine besondere Botschaft hat, wenn er denn glaubhaft machen kann, daß ihm Fair play und Völkerverständigung wichtiger sind als Doping und Funktionärsmauschelei. Hier haben wir Spitzensportler, die wir Vorbilder sein können, eine Aufgabe, die wir viel zu selten wahrnehmen. Wir müßten uns mehr einmischen, unsere Popularität mehr einsetzen, denn eigentlich haben wir auch etwas zurückzugeben, das wir von dieser Gesellschaft bekommen haben: Glück.

Trotzdem: Ich werde einfach das Gefühl nicht los, daß das noch nicht alles gewesen sein kann. Ich frage mich oft, ob wir wirklich genug tun, jede(r) für sich genommen. Wir sind zwar empört, betroffen und zünden Kerzen an und reihen uns in Lichterketten ein. Aber räumen wir beispielsweise auch Zimmer frei? Manchmal denke ich, der Schauspieler Karlheinz Böhm hat die richtigen Konsequenzen aus der dramatischen Weltlage gezogen. Er ist nach Afrika gegangen, um mit seiner Stiftung »Menschen für Menschen« dort anzusetzen, wo die Probleme ihre Wurzel haben. Eine solche Entscheidung verlangt sehr viel Mut, ich möchte sie für mich nicht ausschließen. Ein Karlheinz Böhm redet nicht nur, er hilft. Dies sei seine einzige Ideologie, hat er einmal gesagt, und das erinnert mich irgendwie an die Großfamilie Baumann.

[1] Aus: Reinhard Appel (Hg.), Wehret den Anfängen, Lingen Verlag 1993.

Die Idee zu dem Aufsatz »Achtet den Menschen« wurde im Intercity von Frankfurt nach Ulm geboren. Ich war auf der Heimreise von einer Sporthilfe-Sitzung, etwas ermüdet mit Bahncard im Großraumwagen, als eine ältere Frau auf mich zukam und sagte: »Herr Baumann, Sie müssen Ihre Stimme erheben. Sie werden mehr gehört als wir.« Darüber gerieten wir ins Debattieren, weitere Mitreisende gesellten sich dazu, und schon hatten wir eine Waggon-weite Diskussion über die Ausländer im Lande. Keiner wollte sie raushaben, aber viel war die Rede vom Versagen der Politik und der gefährlichen Stimmung in Deutschland. Dagegen müsse etwas unternommen werden, und wer sei dafür besser geeignet als so ein populärer Sportsmann wie ich. Das war im Oktober 1992, kurze Zeit vor dem Anschlag in Mölln.

Ich hatte also einen quasi-öffentlichen Auftrag im Reisegepäck und für mich wieder einmal die Frage zu beantworten, ob das eigentlich mein Job ist. In erster Linie, das kann ich nicht oft genug betonen, bin ich Läufer. Es ist ja nicht damit getan, daß ich eine scharfe Erklärung gegen die Regierung Kohl und ihre skandalöse Asylpolitik formuliere, und mich dann zurücklehne. Ich weiß doch, welche Maschine ich damit anwerfe. Zu Hause steht das Telefon nicht mehr still, von der ARD bis zu Sat 1 wollen alle Statements haben, und plötzlich bin ich Politiker. (So wie ich in anderen Fällen Verbandsrebell, Anti-Doping-Kämpfer oder Stasi-Kritiker bin.) Es ist für Außenstehende wahrscheinlich nicht vorstellbar, wie belastend diese Situation für einen Sportler ist. Allein schon in zeitlicher Hinsicht. Ich bin schließlich kein Politprofi, der seine Sätze exakt in einer Minute dreißig herunterschnurrt, ich habe keine Referenten, die mir das Wichtigste auf Spickzettel schreiben, ich muß meine Gedanken selbst sortieren.

Ich habe mich dennoch aus dem Fenster gehängt, weil es für mich einfach wichtig war. Erste Interviews, und schon hätte ich als Vortragsreisender oder permanenter Talkshowgast durch die Republik touren können. Kaum war ich durchs Ziel gerannt, schnaufend wie ein Walroß, schon hatte ich ein Mikrofon vor der Nase – »Herr Baumann, was sagen Sie zu Hoyerswerda, Wolfgang Schäuble und der Verschärfung des Asylrechts?« Ich weiß auch nicht, was in den Köpfen dieser Journalisten vor sich geht, aber irgendwie scheinen sie die Vorstellung zu haben, daß ich nur einen Hebel umlegen muß und schon nach Bedarf funktioniere. In diesen Situationen habe ich mir oft gewünscht, daß es nicht nur mich und wenige andere erwischt. Um wieviel erleichternder und eindrucksvoller wäre es gewesen, wenn sich viele Sportler zu Wort gemeldet hätten. An dieser Stelle hätten sie dokumentieren können, daß der Sport mehr ist als Gewinnen und Geldverdienen, daß er noch Werte wie Fairplay und Völkerverständigung hat. Andererseits kann ich es, wie gesagt, verstehen, wenn sie vor dieser Mühle Angst haben.

Jetzt war ich also, Schublade auf, Baumann der Ausländerfreund, Baumann der Botschafter der Brüderlichkeit, Baumann der besorgte Mahner. Mein Aufsatz »Achtet den Menschen« fand sich in dem Buch »Wehret den Anfängen – Prominente gegen Rechtsextremismus und Fremdenhaß« wieder, den der ehemalige ZDF-Chefredakteur Reinhard Appel herausgegeben hat.

Neben mir als Autoren Ignatz Bubis, Wolfgang Niedecken, Edzard Reuter, Richard von Weizsäcker – und Helmut Kohl. Der Bundeskanzler referierte Artikel 1 unseres Grundgesetzes (»Die Würde des Menschen ist unantastbar«), um dann zu erklären, es habe mit »Fremdenfeindlichkeit nichts zu tun, wenn sich viele in unserem Lande Sorgen machen wegen des massenhaften Zustroms von Asylbewerbern, die in ihrer Heimat keine Zukunft sehen«. Deshalb brauche man eine Grundgesetzänderung, um den »Mißbrauch des Asylrechts einzudämmen«. Wie bekannt hat er sie durchgesetzt, beschlossen am 16. Januar 1993 von einer großen Koalition von CDU, FDP und SPD. Fortan gab es »sichere Drittländer«, aus denen die Menschen nur zu uns strömten, um sich durchfüttern zu lassen. Also zurück mit den Kurden in die Türkei, weil »unser Land nicht beliebig der Zuwanderung ausgesetzt werden kann«, wie Innenminister Manfred Kanther im März 1995 meinte. Schließlich habe ihm sein türkischer Amtskollege versichert, daß am Bosporus nicht mehr gefoltert werde. Man muß sich das vorstellen: Menschen werden in ein Land zurückgeschickt, in dem sie von der »eigenen« Regierung systematisch vertrieben werden. Mord eingeschlossen. Zurück auch mit den Asylbewerbern nach Nigeria, Äthiopien, Ex-Jugoslawien. Auch dort wird offenbar niemand aus politischen, rassischen oder religiösen Gründen gequält.

Haben diese Politiker eigentlich nichts aus unserer Vergangenheit gelernt? Tragen wir für den Holocaust des Naziregimes keine Verantwortung mehr? Vergessen die Verfolgung Andersdenkender im Dritten Reich, als die Einsteins im Ausland Zuflucht fanden. Aus dieser Erfahrung haben die Väter des Grundgesetzes Artikel 1 formuliert. Gilt der heute nicht mehr?

Ich habe damals viel darüber nachgedacht und manches dabei begriffen. Zunächst einmal wurde das Feindbild gewechselt. Nicht mehr der Ausländer, den man ja brauchte, war der böse Bube, sondern der »Asylant«. Er wurde jetzt ins Visier genommen, um den rechten Rand zufriedenzustellen, den die großen Parteien nicht verlieren wollten. (Worin sie, nebenbei erwähnt, Übung haben. Oder wurde der Rechtsradikalismus in Deutschland je so entschlossen bekämpft wie jener von links?). Wähler fangen, hieß die Devise, und dem wurde jede humane Asylpolitik untergeordnet. Ich weiß nicht, ob einer dieser Politiker je ein Barackendorf betreten hat, in dem Asylbewerber wie in Ghettos hausen, umgeben von hohen Zäunen. Ich weiß nicht, ob in den Parteien, abgesehen von den Grünen, noch Visionen entwickelt werden, die über eine Wahlperiode hinaus Bestand haben. Ich weiß nur, daß sich die Politik unheimlich weit von den Menschen entfernt hat.

Diese Erfahrung hat mich relativ früh politisiert. Ich bin schon als 18jähriger in der Menschenkette gestanden, die sich von Stuttgart nach Ulm gezogen hat, um gegen die Stationierung der Pershing-Raketen zu protestieren. 1987 habe ich den »Sportlern für den Frieden« geholfen, ihre Stafette durch Deutschland zu organisieren. In Blaubeuren, einem wirklich konservativen Städtchen, waren plötzlich 400 friedensbewegte Läufer auf den Beinen. Eine kleine Sensation. Politik war für mich deshalb immer etwas sehr Praktisches, sehr Handfestes, etwas, was mit den Bürgern ganz direkt zu tun hatte. Ich bin kein Theoretiker. Woher auch? Wenn ich mich zu Hause mit den Blaubeurern gegen den Bau eines riesigen Hotels mitten in der Stadt wehre oder mich für eine Umgehungsstraße in Blaustein einsetze, dann tue ich das, weil ich hier Bescheid weiß. Was aber wissen die Herren in Bonn?

Kann ein Helmut Kohl überhaupt noch erfassen, was an der Basis los ist? Kann er kapieren, wie zum Beispiel das Nahverkehrssystem einer Großstadt funktioniert? Wann ist er zum letztenmal in einer U-Bahn gesessen? Er muß nicht wissen, wann in Berlin die letzte S-Bahn in die Außenbezirke fährt. Für ihn sind die Straßen abgesperrt, er wird von einer Polizeieskorte begleitet, der Mann steht nie im Stau, der ist noch nie hinter einer Abgaswolke hergelaufen. Wie soll ein solcher Politiker Visionen zu einem neuen Verkehrssystem entwickeln, das die Städte vor dem Kollaps bewahrt? Wie soll er spüren, daß die Steuern die kleinen Leute fast auffressen? Wie soll er erfahren, ob Mütter ihre Söhne tatsächlich als Blauhelme auf fremde Schlachtfelder schicken

Der »weiße Kenianer« mit Freund Abdi Bile. Der Olympiasieger lehnt das Klischee »Weiß gegen Schwarz« ab, er läuft mit Kollegen. (Foto: Gustav Schröder)

Hat Helmut Kohl nichts aus der Vergangenheit gelernt? – Der politische Kopf Baumann mischt sich ein, auch im Kampf gegen die Ausländerfeindlichkeit im Land. (Foto: privat)

wollen? Ich habe meine Zweifel, ob die wirklichen Probleme der Bürger in dieser künstlichen Welt der Politiker ihren Platz haben.

Aus diesem Graben erwächst das tiefe Mißtrauen, das ich auch aus meinem Sprengel kenne: hier die Funktionäre, dort die Sportler. Wie wäre es stattdessen mit etwas mehr Zutrauen – in die Lernfähigkeit der Bürger. Kleines Beispiel: Vor zehn Jahren bin ich mit meiner Jutetasche beim Bäcker eingelaufen, Brötchen rein und wieder weg. Hinter mir das Gelächter der Plastiktüten-Kundschaft. Heute tragen sie ihre Joghurtbecher brav zum Recyclinghof und kaufen den Käse in der mitgebrachten Tupperdose. Die Milch wollen sie nur noch von glücklichen Kühen und die Eier von freilaufenden Hühnern. Auch diese Erkenntnis ist nicht vom Himmel gefallen. Es hat lange gedauert, bis die Menschen davon überzeugt waren. Ich wage mal die Behauptung, daß dies eher an ihrer Einsicht in die Notwendigkeit lag, um zu überleben, als an der Überzeugungskraft der Politiker.

Isabelle, das Prinzip Hoffnung

Es gibt eine Person im Leben des Dieter Baumann, ohne die seine Karriere, sein Erfolg nicht denkbar sind. Es ist Isabelle Baumann, geborene Hozang. Sie ist die wichtigste Person in seinem Leben. Keiner weiß das besser als er selbst und er bekennt sich auch dazu. In der Öffentlichkeit hat es freilich lange gedauert, bis aus der Frau an seiner Seite eine Person mit einem eigenen Gesicht geworden ist. Das lag zum einen an der Männergesellschaft Sport, zu der Athleten, Funktionäre und Journalisten gehören, zum anderen an der 32jährigen selbst. Eine Isabelle Baumann schiebt sich nicht ins Rampenlicht. Die Bühne ist für ihren Mann reserviert, sie bleibt in der Kulisse. Im Gegensatz zu ihm genießt sie das Spiel mit der Öffentlichkeit nicht, sie kann den Aufgeregtheiten und Eitelkeiten des Medienmarktes wenig abgewinnen. »Ich kann mit Menschen, die eine Fassade vor sich hertragen, nichts anfangen«, erläutert sie knapp. Sie will kein Glamourgirl für die Showbranche sein. So braucht es seine Zeit, bis sie zu Journalisten Vertrauen gefaßt hat, und weil jene die Zeit dafür in der Regel nicht haben, weiß man eigentlich herzlich wenig über sie. Über ihr Leben, ihre Liebe, ihre Träume, ihre Ängste.

Fangen wir von vorne an. Aufgewachsen ist sie in bescheidenen Verhältnissen – auf der Galopprennbahn in Wien. Die Familie des Otto Hozang wohnte über den Stallungen, die Tochter verdiente ihr Taschengeld mit den Pferden, die sie striegelte und auf die Bahn führte. Früh hatte sie gelernt, selbständig zu sein, wo immer das war. Beim Englisch- und Sportstudium in Wien, bei ihrem Aufenthalt in Arkansas, wo sie Leistungsphysiologie belegte und ihren Bachelor of Arts machte, bei der Fortsetzung des Studiums in Tübingen, wo sie von Neuem beginnen mußte, weil weder die Österreicher noch die Deutschen die

US-Abschlüsse anerkennen. Lernbegierig und neugierig wie sie war, wollte sie nach dem Diplom wieder zurück in die Staaten. Hier hatte sie erlebt, was im elterlichen Hause stets vorgelebt wurde: Internationalität. Bei den Hozangs in Wien, bei denen die Tür allen offen stand, ging ein buntes Völkchen aus und ein, was das Risiko, ein ängstlicher Nesthocker zu werden, von vorneherein ausschloß. Entsprechend gering ist auch die Gefahr, an der Heimat in dem Sinne zu hängen, daß sie sich daran festklammern muß. Die Anonymität der Großstadt liegt ihr näher als die Intimität des Dorfes, die sie der sozialen Kontrolle unterwirft.

Und dann lernt sie ausgerechnet diesen Dieter Baumann kennen, der im Trainingslager in St. Moritz nichts besseres zu tun hat, als einen dickleibigen Schmöker über Blaubeuren mit sich herumzutragen. Die schöne Lau, der spätgotische Hochaltar im Benediktiner-Kloster, die »Nürnberger Reise« von Hermann Hesse mit Zwischenaufenthalt am Blautopf – wie inbrünstig konnte der Neigungsblaubeurer davon schwärmen. Mit Grausen erinnert sie sich noch heute an diese Heimatverliebtheit und daran, wie ihr der Junge als erstes verklickerte, daß es in St. Moritz genauso aussehe wie auf der Schwäbischen Alb.

Doch wo die Liebe hinfällt, wächst eben auch über solche Gräben Gras. Anstatt in die USA zog sie mit dem Heimattümler an den Blautopf, und damit in eine scheinbare Idylle, die ihr stets fremd geblieben ist. Während Freund Dieter die Illustrierten-Fotografen zu allen Sehenswürdigkeiten Blaubeurens schleppte und sie bedrängte, auf keinen Fall das häßliche Zementwerk (»es wird ohnehin bald abgerissen«) mit aufs Bild zu bannen, erlebte sie den Geburtsort ihres freischaffenden Fremdenführers eher als Zwangsjacke. Jeder kannte jeden und insbesondere die Baumann-Sippe, die quasi Gemeindeeigentum war. Für sie zuviel der Enge. »Ich bin kein Heimattyp«, sagt sie, »und Blaubeuren war viel Heimat.« Man darf deshalb getrost annehmen, daß sie es war, die rausgedrängt hat, wenigstens ins zehn

Kilometer entfernte Herrlingen, wo der Zugriff nicht mehr ganz so leicht war. Wenigstens zehn Kilometer Distanz. Auch der Wechsel zu Bayer Leverkusen dürfte nicht ohne ihr Zutun vollzogen worden sein. Wenn sie heute meint, dieser Schritt sei wichtig gewesen, dann drückt sie damit nur aus, daß sie ihren damaligen Berufsschwaben ganz behutsam, aber zielstrebig auf ein weitläufiges Gleis gehoben hat. Mit ihr, oder richtiger dank ihr, ist Dieter Baumann zu jenem Kosmopoliten geworden, der sich heute an fast jedem Platz der Erde zu Hause fühlt. »Er hat gelernt, daß er in der Fremde genauso herzlich aufgenommen wird wie in Blaubeuren.« Diesen Satz sagt sie ohne Stolz, ohne Genugtuung, einfach so, weil es ihre eigene Lebenserfahrung widerspiegelt.

1988, so erinnert sie sich, war dafür ihr Schlüsseljahr. Sie hatte gerade eine Operation hinter sich, nach einer gebrochenen Kniescheibe. Das Ende ihrer eigenen sportlichen Karriere, End-

Draußen auf der Terrasse des Herrlinger Hauses: Hier endet der öffentliche Zugriff auf Isabelle Baumann (links) und ihren Promi. (Foto: Weise)

station für ihre Leidenschaft, das Laufen. Und im Fernsehen wiederholten sie bis zum Anschlag das 5000-Meter-Rennen in Seoul, die Silbermedaille ihres Freundes.

Damals wurde ihr schlagartig bewußt, was das zu bedeuten hatte: Popularität, Prominenz und Profilprobleme. Und das alles in einer kleinen Stadt, in der dieser Zauber wie in einem Brennglas fokussiert wird. Einen Helden als Partner, der vom Bäcker bis zum Metzger als lebendes Denkmal durchgereicht wird, das hätte sie nicht ertragen. Der Umzug ins Neubaugebiet nach Herrlingen, wo nur noch der nächste Nachbar »Grüß Gott, Herr Baumann« ruft, war deshalb mehr als bloßes Möbelrücken. Er war auch ein Herauswachsen aus vertrauten Strukturen, ein Abschied von alten Gewohnheiten, eine Emanzipation von besitzergreifenden Menschen. Und er war auch ein Stück Selbstschutz für eine Frau, die sich vor einem Leben fürchtete, das nur noch um einen großen Sohn einer kleinen schwäbischen Welt kreiste. »Heute wäre Dieter bereit, mit mir überall hinzugehen«, sagt Isabelle Baumann.

Gefordert hat sie solche Schritte nie. Wohlwissend, daß ein Baumann nicht zum Gehen zu überreden ist, wenn sein Bauch nicht zustimmt. Will sagen: Überzeugungsarbeit wird bei ihm solange erfolglos sein, solange sie etwas überstülpen will, wofür er noch nicht bereit ist. Für gewisse Dinge braucht der schnellste Dauerläufer Deutschlands alle Zeit der Welt. Und weil das niemand besser einschätzen kann als Isabelle, vertraut er ihr grenzenlos.

Es gibt Tage, da würde er ohne Ticket am Flughafen stehen, wenn sie es ihm nicht in die Tasche gesteckt hätte. Da würde er wahrscheinlich keinen Fuß vor die Tür setzen, wenn sie ihm davon abraten würde. »Manchmal«, gesteht sie, »erschrecke ich selber vor der Verantwortung, die ich habe.« Sie weiß, sie ist nicht nur die Frau für bessere Zeiten, gemessen in Minuten und Sekunden, die Trainerin und Managerin, die ihm Beine und Buchhaltung macht, sie ist für ihn einfach alles. Wenn wieder irgendwo ein Muskel schmerzt, ist sie seine Masseurin, die jede Faser seines Körpers kennt. Wenn wieder irgendeine »Kasperleshow« anruft, um ihn in Szene zu setzen, ist sie seine TV-Beraterin, die ihn vor gefährlichem Glatteis warnt. Wenn irgendwelche Werbemenschen nach ihrem Dieter verlangen, ist sie seine PR-Agentin, die dafür sorgt, daß seine liebenswerten Verrücktheiten privat bleiben. Wenn ihm wieder einmal Dopinggerüchte den Schlaf rauben, ist sie seine Seelentrösterin, die ihm mit einfachen Wahrheiten die Ruhe zurückgibt: Wer dir glaubt, glaubt dir. Die anderen wollen es nicht. So oder so.

Unschwer zu erraten: Isabelle Baumann ist das Prinzip Vernunft in dieser Beziehung, er selbst nennt es die »ordnende Hand«.

Der Spielertyp mit leicht anarchistischem Einschlag würde wahrscheinlich untergehen im Haifischbecken der coolen Abzocker, hätte er nicht diese Frau, die vieles ganz rational regelt. Der Junge, der gerne die rosarote Brille aufsetzt, wenn ihm die Realität zu erdrückend erscheint, der einen Roman nicht zuende liest, wenn er kein Happyend verspricht, er wäre wohl rettungslos verloren. Doch nie würde sie ihm Fesseln anlegen, dem Sponti, dem das Herz auf der Zunge liegt. Allein mit Geduld und Verständnis ist ihm beizukommen. »Er ist halt eine ehrliche Haut.« Er poltert los, wenn ihm etwas gegen den Strich geht, er prangert krumme Touren an, auch wenn die Prügel dafür eingebaut sind. Sie hat, meint sie, einen »modernen Robin Hood« zu Hause, einen Menschen mit »ausgeprägtem Gerechtigkeitssinn« – und das schafft in dieser Ellenbogengesellschaft Probleme. Sie trägt sie auf ihren schmalen Schultern, sie puffert ab, sie ist bisweilen der wandelnde Vermittlungsausschuß. Wenn ihr vorlauter Gatte mal wieder gegen die Ossis wettert, lädt sie den Neuruppiner Jens-Peter Herold zum gemeinsamen Essen ein. Wenn er den Verband attackiert, bittet sie um Differenziertheit und gelegentliches Verständnis für Funktionäre, unter denen es auch nicht nur Nullnummern gibt. Darüber ist sogar der schwäbische Brausekopf etwas ruhiger geworden.

Die Diplomatin im Trainingsanzug ist so frei, dabei auch an sich zu denken. Sie ist es, die nach des Gatten Attacken massiv angegangen wird, von all' denen, die sich nicht trauen, am Denkmal der Leichtathletik zu kratzen. Für die Herren Präsidialen ist sie dann nicht die Gattin des Olympiasiegers, sondern ihre Angestellte. Für die Herren Bundestrainer schlicht die Kollegin. Diese Stellvertreterkriege würde sie sich einerseits gerne ersparen, andererseits weiß sie, daß vieles einfach gesagt werden muß. Also bremst sie nur ganz behutsam.

Isabelle Baumann kennt ihre Rolle in dieser arbeitsteiligen Partnerschaft genau. Er läuft die Kür, sie die Pflicht. »Er ist für das Spielerische zuständig, ich für die Arbeit«. In diesem Satz steckt kein Bedauern, keine Resignation, kein Neid, kein verletztes Selbstwertgefühl. Es ist ihre selbstgewählte Rolle, auf die sie sich in dem Moment eingelassen hat, als sie Freundin und Ehefrau eines prominenten Sportlers wurde. »Das ist halt so«, erklärt sie mit der ganzen Abgeklärtheit einer nüchternen Betrachterin der Szene.

Was sie viel mehr sorgt, ist die Frage, wie lange sie noch die Kraft dazu hat, Ansprüche wie diese in die Tat umzusetzen: »Dieter braucht Stabilität. Ich gebe sie ihm.« Die zierliche Frau verschweigt nicht, wie sehr die schweren Zeiten an ihrer Substanz gezehrt haben, in denen ihr Mann verletzt war. Jeden Tag das Prinzip Hoffnung verkörpern, wenn er an gar nichts mehr glaubte, jeden Tag Optimismus verströmen, wenn man selbst voller Zweifel war, das hat sie oft an den Rand ihrer eigenen Leistungsfähigkeit gebracht. Zumal sie gerade andersrum gepolt ist. Sie ist die Zweiflerin, er normalerweise die Frohnatur. Sie kann sich nächtelang mit der Frage quälen, ob sie alles richtig gemacht hat, ob sie irgendjemandem etwas schuldig geblieben ist. Welcher Horror, wenn ihr Dieter darunter zu leiden hätte. »Noch einmal«, bekennt sie offen, »würde ich ein Jahr wie 1993 nicht durchstehen.« Selbst Dauerläufer halten nicht alle Schmerzen aus.

So hat es viel mit Selbsterhaltung zu tun, mit der Angst vor dem Ausgesaugtwerden, wenn sie sich selbst eine Grenze gesetzt hat: die Olympischen Spiele 1996 in Atlanta. Bis dahin wird sie ihrem Dieter alles geben, doch danach muß mit dieser Rundumbetreuung Schluß sein. Das verlangt ihr Ego, und ihr Mann wird sich auf diese, für ihn sicher nicht unproblematische Situation einstellen müssen. Sie merkt, welche Anstrengung es sie kostet, nicht nervös zu werden, wenn nicht alles rund läuft. Sie spürt ihre Angst vor einem Unfall, wenn sie auf dem Mountainbike sitzt und auf abschüssige Pfade gerät. Was würde der Dieter machen, wenn sie nicht an seiner Seite wäre? Diese Verantwortung lastet bisweilen wie ein Alp auf ihr, und deshalb benötigt sie diese Limitierung, die Begrenzung ihrer Rolle auf diesen Zeitraum, um noch einmal voll powern zu können. Danach soll er alleine laufen, just for fun, solange er immer will. Nach den Spielen, bei denen ihr Olympiasieger noch einmal gefeiert werden soll, wenn es sein muß mit einer Zeit unter 13 Minuten, nach Atlanta soll ihre Zeit kommen.

Dann will die Trainerin Isabelle Baumann nach vorne. Die Türen sind offen, selbstredend auch wegen des Namens Baumann. Das weiß sie, und dafür ist sie auch dankbar. Ohne ihren Mann, den Herrn im Olymp, hätte sie den Zugang zur weltweiten Leichtathletik nicht, oder zumindest nicht so schnell geschafft. Aber was hat sie ihm dafür nicht alles gegeben? Doch das lassen wir jetzt ihn erzählen.

Ob das wohl gut geht mit den beiden, mit dieser Isabelle und unserem Dieter? Irgendwie scheint man dem Frieden nicht zu trauen, irgendwie scheint dieses Verhältnis ein großes Mysterium zu sein. Für die einen ist sie mein Anhängsel. Typ blonde Fußballerbraut wahrscheinlich. Andere halten sie für meinen Schützling, den ich in lukrative Positionen schieben will. Typ protegierte Ehefrau. Für die nächsten ist sie eine Art Laufmessias, dessen Botschaften man nur umsetzen muß, und schon rennt man 20 Sekunden schneller. Typ erfolgreiche Karrierefrau. Und wieder andere fragen mich allen Ernstes, ob ich zu Hause überhaupt noch etwas zu melden habe. Sie habe schließlich die Hosen an. Typ Emanze mit Haaren auf den Zähnen. Wenn ich denen dann erzähle, daß mich Isabelle nicht bügeln läßt, weil sie's lieber selber macht, sind sie völlig geplättet. Schubladen zu, Hirn tot.

Ein liebevolles Dankeschön: Das Paar Baumann nach getaner Arbeit. (Foto: Gustav Schröder)

Diese Verwirrung in den Köpfen stiftet offensichtlich die Tatsache, daß Isabelle meine Frau, Trainerin und Managerin in einem ist. Mein Gott, wenn ich jetzt noch verrate, daß sie auch noch Chefin unserer GmbH ohne Gütertrennungsvertrag ist, dann werden mich zumindest die Schwaben für verrückt erklären. So etwas kann doch nicht funktionieren, sagen Psychologen, die eindeutig herausgefunden haben, daß zusammen leben und zusammen arbeiten, und das auch noch unter einem Dach, nur in die Katastrophe führen kann. Keine Distanz, nur noch hoffnungslose Abhängigkeiten, und wenn ich dann noch bekenne, daß wir uns acht Jahre lang nicht einmal richtig gestritten haben, dann werden sie schon das Ticket für die Klapse bereithalten. Erschwerend kommen ja noch diese Rollenkonflikte hinzu. Die Frau hat schließlich ständig andere Hüte auf. Wie soll sich der arme Mann zurechtfinden? Will er Liebe, kriegt er die Peitsche, sucht er Trost, muß er die neue Frisur diskutieren, will er Tips fürs Training, kriegt er den neuesten Kontostand. Und im übrigen ist das Büro nur von zehn bis 16 Uhr geöffnet.

Das alles habe ich mir also eingehandelt mit meiner Extrarunde, die ich 1987 im Trainingslager in St. Moritz gedreht habe. Damals kam mir eine junge, blonde Läuferin entgegengetrabt, Landesmeisterin über 1500 Meter. Der erste Eindruck war vielversprechend, und er ist es bis heute geblieben. Wozu also die ganze Aufregung? Die Wahrheit ist viel einfacher: Isabelle ist mein ein und alles. Oder glaubt jemand im Ernst, ich stehe neben mir und frage mich jeweils, ob sie jetzt gerade als Frau, Trainerin oder Managerin zu mir spricht? Es ist ja gerade diese Kombination von allem, die sie so unersetzbar für mich macht. Wer würde denn nachts um elf noch mit mir übers Laufen debattieren, oder mich morgens um drei trösten, wenn ich im Traum hochschrecke, weil ich nicht mehr laufen kann? Isabelle kann das, weil sie eine wunderbare Frau, eine erfahrene Läuferin und kluge Trainerin ist. Niemand kennt mich so gut wie sie, meine Macken, meine Schwächen, meine Stärken. Sie weiß genau, was ich in welchem Moment brauche. Ich kann mich blind auf sie verlassen, ihr hundertprozentig vertrauen.

Nun haben die sogenannten Experten ja immer erklärt, der Baumann brauche eigentlich keinen Trainer. Eigentlich könnte diesen Job auch seine Oma übernehmen. Der Junge ist es doch gewohnt, seinen Stiefel selbst durchzuziehen, der eigenwillige Einzelgänger läßt sich sowieso von niemanden etwas sagen. Der weiß, wie der Hase läuft. Genau so liest es sich noch 1994 im Zürcher »Sport«: »Wer Baumann ein bißchen kennt, weiß genau, daß der Läufer selbst exakt spürt, was er zu tun hat. Er ist keiner der Sorte, deren läuferisches Pflichtbewußtsein allein auf den Kilometer-Eintragungen im Trainingstagebuch fußt. Dieter Baumanns schwäbische Laufkunst sprudelt aus seinem Innern heraus, ist fast zu hundert Prozent Lust und Instinkt. So war er und ist er – so braucht ihn niemand machen. Auch seine eigene Frau nicht.« Typischer Fall von denkste. Das hat bis Seoul 1988 gestimmt, danach nicht mehr.

Die Silbermedaille war die Wendemarke. Ich hatte einen Punkt erreicht, an dem ich erkannte, daß ich alleine nicht mehr weiterkomme. Aus dem unbesorgten Spiel, dem lockeren Läuferleben war plötzlich Ernst geworden, jetzt lastete eine Verantwortung auf mir, die mir bis dahin fremd war. Warum sie also nicht mit einem geliebten Menschen teilen, der es gern tun wollte? Isabelle, mein Realitätsprinzip, hatte lange vor mir begriffen, daß die Welt nicht nur rosarot ist, daß ich mit meinen Tagträumereien einmal furchtbar auf die Schnauze fallen könnte. Sie kennt die Angst des Langstreckenläufers vor dem Ende aus eigener Erfahrung. Sie hat aufhören müssen wegen einer gebrochenen Kniescheibe. Aus und vorbei mit ihrer Karriere als österreichische Meisterin.

Ein Jahr nach Seoul stand diese Horrorvision auch für mich an der Wand. Zuerst das Knie, dann die Achillessehne malad, an Laufen war nicht zu denken, was drohte, war ein Leben zwischen Sitzen und Spritzen. Um der chemischen Verseuchung und der Resignation zu entkommen, hat mir Isabelle damals zwei Möglichkeiten genannt: entweder ganz ruhig aufs Kanapee legen oder, viel besser, alternativ trainieren. Dieter, hat sie mir erklärt, du kannst radfahren, du kannst schwimmen, und du kannst mit der Wetwest im Wasser laufen. Also überleg' dir's. Damals habe ich gemerkt, daß ich Ratschläge brauche. Ob ein Tempolauf gut oder schlecht war, ob mein Laufpensum zu groß oder zu klein war, dafür habe ich über die Jahre hinweg ein feines Gespür entwickelt. Aber ich hatte nichts Neues mehr gewagt, nur noch das Gewohnte abgespult, und automatisch nur noch das gemacht, was nicht wehgetan hat. Keine Kreativität mehr, keine Flexibilität, kein Optimismus, keine Perspektive – das wäre mein Ende als Weltklasseläufer gewesen.

Isabelle hat mir alles zurückgebracht, weil bei ihr die Hoffnung als letztes stirbt. Es ist für mich faszinierend zu sehen, wie sie für alle Notsituationen einen Plan hat. Sie ist dann ein regelrechtes Schwungrad, das mich am

Leben hält, was aber nicht heißt, daß sie mich auf die Bahn, aufs Rad oder ins Wasser zwingt. Wenn sie merkt, daß gar nichts mehr geht, schlägt sie mir vor, lieber zwei Wochen Tomaten anzupflanzen als sinnlos in der Gegend rumzustrampeln. So nimmt sie den Druck von mir, den ich mir selber auflaste, wenn ich wie ein verwundeter Tiger in meinem Käfig hocke und zum großen Sprung ansetzen will. Ruhe, Zeit lassen, Abstand gewinnen, aber nicht resignieren, das vermittelt sie mir mit viel Überzeugung. Und wenn ich mich dann aufgerappelt habe, wird eben mit dem Ersatztraining begonnen. So bin ich zum verrückten Radler und passablen Schwimmer geworden.

Auch das Cross-Laufen war ihre Idee. Meine Güte, mit Händen und Füßen hätte ich mich vor sechs, sieben Jahren dagegen gewehrt, beim Cross mitzumischen. Jeden hätte ich für spinnert erklärt, der mich über Stock und Stein hetzen wollte. Quälerei wofür? Ich, der Baumann, der Laufen als kulturelle Leistung versteht, der so elegant und locker über die Bahn schwebt. Isabelle hat mich davon überzeugt, daß die Qual für die Qualität wichtig ist, daß Cross-Laufen die beste Vorbereitung für den Sommer ist. Also tu ich's. Und wenn ich bei den Weltmeisterschaften nur 52. oder 92. werde. Was soll da der Dünkel? Hauptsache, es schlägt an, und das hat es sehr wohl getan. Brauche ich einen besseren Beweis dafür, daß Isabelle eine kompetente Fachfrau ist? Für mich gibt es daran überhaupt nichts zu deuteln, und deshalb hat sie mein volles Vertrauen.

Bei ihr kann ich sicher sein, daß ich trainingsmethodisch auf der Höhe der Zeit bin. Sie kocht nicht im eigenen Saft, wie viele Bundestrainer. Sie schaut, was die Kenianer treiben, die Spanier, die Portugiesen. Sie kennt die Trainingspläne von Aouita, von Ondieki und Skah, dessen Pensum ich vorher nicht für möglich gehalten hätte. Mindestens vier Fünftausender vor einem großen Rennen, der erste in 13:30 Minuten, der zweite in 13:15, der letzte in 13:05 – da wußte ich, was die Glocke geschlagen hatte. Dazu hält sie ständig Kontakt zu den wichtigen Trainern im Ausland und den Wissenschaftlern, die auf dem Gebiet des Ausdauersports forschen. Nur so bleibt man im wahrsten Wortsinn auf dem laufenden.

Wer jetzt allerdings glaubt, sie würde ihre Autorität wie eine kleine Diktatorin umsetzen, der täuscht sich gewaltig. Isabelle kommt nicht und sagt: So und nicht anders wird's gemacht. Bei uns wird diskutiert, wie unter vernünftigen Menschen. Wir sind schließlich nicht bei den Fußballern. Daß die immer einen Tritt in den Hintern brauchen, hat schon mein Vater beklagt. Kaum guckt der Trainer weg, schon legen sie sich auf die faule Haut. Wir Leichtathleten sind da wohl selbständiger und weniger infantil und damit auch diskussionsfähiger. Isabelle hat ein sehr feines Gespür dafür, wie sie mich anpacken muß, welche individuellen Schwächen sie akzeptieren muß. Okay, sie hat mir schon beigebracht, statt um neun um halb acht aufzustehen, aber sie weiß auch, daß es in Ordnung geht, wenn ich am Tag mal nur zwölf statt zwanzig Kilometer laufe. Hier kann sie sich ihrerseits hundertprozentig auf mein Gefühl verlassen.

In diesem Wechselspiel hat sich über die Jahre ein ganz ulkiges Verhaltensmuster eingestellt: Isabelle schlägt vor, Dieter, meinst du nicht, wir könnten dieses oder jenes probieren. Dieter läßt seinen Bauch entscheiden, der sagt ja oder nein. Inzwischen habe ich aber spitzgekriegt, daß da Methode dahintersteckt. Wenn Isabelle etwas entscheiden will, formuliert sie das vorher so raffiniert, daß ich gar nicht merke, daß sie schon entschieden hat. Entsprechend viel kann sie mir unters Hemd jubeln. Ist das nun schlimm? Überhaupt nicht. Für mich ist es ein tolles Gefühl, alle Freiheiten und Isabelle als Steuerfrau zu haben. Muß ich mir deshalb den Kopf über die Frage zerbrechen, wie sie's macht? Keine Sekunde, weil sie's richtig macht. Was sie empfiehlt, ist gut, was ich tue, paßt in ihren Plan. Ich weiß, daß ich damit Verantwortung abgebe, was bequem erscheinen mag. Aber ich ziehe daraus eine innere Ruhe, mit der ich mich ganz entspannt auf meine Wettkämpfe vorbereiten kann. Diese Symbiose hat mir eine körperliche und seelische Stabilität verliehen, die ich vorher nicht gekannt habe. Ist es verwerflich, wenn Mann eine solche Frau braucht, wenn es für mich der GAU wäre, würde ich sie verlieren?

Ich will das an einem praktischen Beispiel erklären: Karlsruhe, Februar 1995, Europarekordversuch über 3000 Meter. Ich reise voller Zuversicht an, die Form ist da, ich habe die Kraft, an meine Grenze zu gehen. Ich spüre, daß ich sie auch überschreiten kann, weiß aber auch, daß mir das körperliche Schmerzen bereiten wird. Hier kann ich mich nicht treiben lassen, locker laufen, mit den Gegnern spielen. Hier gibt es nur einen Gegner: die Zeit, die Uhr, die unbarmherzig gegen dich läuft, wenn du dich treiben läßt. Das löst eine ganz andere Angst aus, als die Situation vor Rennen, in denen mich Zweifel plagen, ob ich auch gewinnen kann. Mit diesen Gedanken komme ich also zur Vorstellung in die Europahalle. Die Hütte ist voll, die Zuschauer jubeln schon, ohne daß ich nur einen Schritt gelaufen bin.

Zurück in die Katakomben, dort treffe ich auf DLV-Leistungssportdirektor Frank Hensel, der mir auf die Schulter klopft und sagt: »Na, wie findest du das Baumann-Sportfest?« Natürlich hat er das nett gemeint, aber er lädt mir damit eine ungeheuere Verantwortung auf. Ich gehe wieder raus in die Halle, weil die Zuschauer nach mir rufen, selbst für meine Stretchingübungen kriege ich Szenenapplaus. Auch wenn's blöd klingt: Das ist echter Streß für mich. Mir ist klar, daß das Publikum jetzt einen Rekord sehen will, von dem ich nicht weiß, ob ich ihn in den Beinen habe. Vor meinem geistigen Auge spielt sich wieder ein fürchterlicher Film ab: Ich gebe alles, ich stürze ins Ziel, die Uhr zeigt zwei Zehntel zuwenig an, das selbstgesteckte Ziel ist verfehlt, ich habe versagt. Diese Vorstellung ist auch deshalb für mich verheerend, weil ich einen Rekordversuch nicht beliebig oft wiederholen kann. Dieser Schritt zum Immer-noch-schneller-Sein zehrt an meiner Substanz.

In solchen Augenblicken brauche ich Isabelle wie ein Kind, das seinen schützenden Vater um sich haben muß. Sie muß nichts sagen, sie muß nur da sein. Ich erinnere mich genau, wie ich mich damals warmgelaufen habe und Isabelle sich für einen kurzen Moment weggedreht hat, um einen anderen Wettbewerb zu beobachten. Das war, als würde ich verstoßen. Ich bin sofort zu ihr hingerannt und habe sie gebeten, bei mir zu bleiben. Ich konnte nicht allein sein. Sie mußte für mich irgendwie greifbar sein, und wenn es nur für einen kleinen aufmunternden Klaps war, für das winzige Wort »Dieter, du schaffst das schon.« Aus dem Häuflein Elend kann so ganz schnell ein grenzenloser Optimist werden.

Ich weiß, daß es im Grunde schizophren ist, solche Situationen mit aller Kraft herbeizuführen und sich dann von ihnen schier erdrücken zu lassen. Ich weiß, daß ich nach solchen Rennen kaputt bin, ausgelaugt, leer, daß ich Wochen brauche, um mich davon zu erholen. Und dennoch tu' ich's immer wieder, vielleicht auch, weil das Gefühl des nachlassenden Schmerzes grandios ist. Vor allem dann, wenn es auch noch in einem Sieg gipfelt, in einem Sieg über sich selbst. In Karlsruhe hat es geklappt: Europarekord in 7:37,52 Minuten.

Mit solchen Erfolgen hat sich auch das Bild Isabelle in der Öffentlichkeit gewandelt. Sie wird ins »Aktuelle Sportstudio« eingeladen, der »Stern» kürt sie zur »Frau für bessere Zeiten«, die FAZ schreibt, daß sie »längst eine aus dem Baumann-Bund herausgelöste Beachtung verdient«, »Runner's World« reißt ihr die Trainingspläne aus den Händen, und selbst der Verband hat mittlerweile kapiert, was er an ihr hat.

Schwer genug war es ja. Wie gerne hat sich so mancher Armleuchter das Maul in Macho-Manier zerrissen, nach dem Motto: Frau als Trainer, das ist wie Frau am Steuer. Andere wiederum konnten sich Gemeinheiten wie diese nicht verkneifen: Guckt euch den Baumann an, der schleppt auf Reisen seine Freundin mit. Und alles nur, weil diese Macker nicht begreifen konnten oder wollten, welchen Anteil Isabelle an meiner Leistung hat. Erst als sie mit anderen Athleten wie Kim Bauermeister und Stephane Franke zeigte, daß sie Talente großziehen kann, begann der Beton in den Köpfen zu bröckeln. Vielleicht haben die Herren Funktionäre auch mitgekriegt, mit welcher Professionalität sie mit Firmenchefs, mit Medienmenschen und Lobbyisten aller Couleur umgeht. Manch' einer hätte wohl auch gerne bei internationalen Trainertagungen referiert, wäre er denn eingeladen worden. Trotzdem: Wahrscheinlich haben sich die DLV-Bürokraten schon als sehr fortschrittlich empfunden, als sie ihr 1992 einen Honorarvertrag über monatlich 400 Mark zubilligten. Geradezu revolutionär muß es vielen Verbandschauvis erschienen sein, als der neu gewählte DLV-Vorstand sie 1993 zur Bundestrainerin beförderte. Mehr als 1080 Mark netto im Monat hatte er zwar nicht übrig, weil die wiedervereinigten Turbotrainer bezahlt sein wollten, aber immerhin. Es war ein Signal. Über die kleinen Fiesheiten, die dezenten Hinweise auf den »reichen Mann« gucken wir großzügig hinweg. Im Deutschen Leichtathletikverband dauert eben alles etwas länger, auch die Gewöhnung an Baumann und Baumann.

Ich für meinen Teil muß mich jetzt an etwas ganz anderes gewöhnen – an die beknackte Frage, ob ich den Ruhm meiner Frau verkrafte oder gar neidisch bin. Galt sie früher als mein Anhängsel, wird sie jetzt also zur Bedrohung für mich. Bescheuerte Welt. Muß ich jetzt eifersüchtig sein auf ihre Popularität, oder darf ich schlicht sein, was ich wirklich bin: tierisch stolz auf Isabelle Hozang. Ist es wirklich zuviel verlangt, zu begreifen, daß Isabelle eine eigenständige Person ist? Sie war es längst, bevor wir uns kennengelernt haben. Hätte ich Frau Diplomsportlehrerin Hozang dringend davon abraten müssen, mich zu heiraten, nur weil ihr dann mein Name anhängt? Hätte ich ihr nicht sagen dürfen, daß man zweimal Olympiasieger werden kann, aber nur einmal eine solche Frau findet wie sie? Was für ein absurdes Theater. Was zählt, ist so einfach: Ich liebe Isabelle, wie sie ist.

Ich weiß, daß ich sie bald teilen muß. Mit einem kleinen Mädchen, an dessen Namen wir hier in Flagstaff herumknobeln. Es ist April 1995, Trainingslager, und noch hüpft sie im Bauch von Isabelle mit, wenn wir durch die Wälder Arizonas laufen. Ich bin sicher, sie wird eine weltmeisterliche Läuferin, sagt der Arzt doch, sie werde auf die Welt kommen, wenn der Vater Weltmeister werden will. Im August. Das ist ein wunderbares Gefühl, und darüber freue ich mich unheimlich...

Ich kann es auch ganz ungeniert genießen, was mancher kaum glauben mag, weil wir doch solche Herumtreiber sind. Heute Flagstaff, morgen Faro, übermorgen St. Moritz – »do isch's dann vorbei mit dr' Rumrutscherei«. Sagen die Freunde ganz besorgt. Ich kann sie ja verstehen, schließlich haben Isabelle und ich immer betont, daß ein Kind (noch) nicht in unser Leben passen würde. Die Unabhängigkeit zu gehen, wann immer und wohin immer, war uns ungeheuer wichtig. Ihre Karriere als Trainerin, meine als Läufer sollten nicht unterbrochen werden.

Und dennoch geschehen Dinge auf Gottes Erdboden, die der Kopf allein eben nicht auf die Reihe kriegt. Bei uns ist der Plan ganz heimlich gewachsen, völlig unausgesprochen, wie wir uns später gestanden haben. Isabelle dachte, der Dieter will's, der Dieter dachte, Isabelle will's, und als es passiert war, wollten's beide. Da gab es keine Debatten mehr darüber, ob ein Kind in unser Leben oder in diese Welt passen würde. Über den Untergang der Erde, die sterbenden Flüsse und die steigenden Meere haben wir dann nicht mehr geredet. Das Mädchen – ich mußte sofort wissen, ob rosa oder himmelblau – war einfach da, und das war gut so.

Jetzt heißt es eben Rücksicht nehmen, ein Stück weit Verzicht üben, und die Kleine in unser Leben so einzubauen, daß alle damit glücklich und zufrieden sind. Für Isabelle bedeutet das zum Beispiel, daß sie ihren Job weitermachen kann. Daran lag ihr viel zu viel, als daß es darüber auch nur den geringsten Zweifel gegeben hätte. Nie hätte ich sie vom Gegenteil überzeugen wollen, weil mir klar war, daß Isabelle todunglücklich gewesen wäre, wenn sie ihre Arbeit nicht mehr gehabt hätte. Ich wäre ja wahnsinnig, wenn ich sie gebeten hätte, ihre Karriere zu opfern, gerade jetzt, wo sie auf dem Weg zu einer Top-Trainerin ist.

Wir haben da auch, zugegeben, leicht reden. Im Gegensatz zu vielen anderen Familien, die nicht wissen, wie sie ihre Kinder unterbringen und ernähren sollen, sind wir beide unendlich privilegiert. Wir haben alle Freiheiten der Welt, wir haben keine Geldsorgen, und ich die Zeit. Für das Kind und nicht für alle jene wohlmeinenden Menschen, die mich, aus purer Selbstlosigkeit versteht sich, vor ihren Karren spannen wollen. Da wird es Absagen hageln.

Die Kleine wird einen Vater haben, der sich um sie kümmert. Zu Hause in Herrlingen, wo ich ohnehin der freiberufliche Heimarbeiter bin, und draußen in der Welt, wenn wir sie Huckepack nehmen – besser kann es ein stolzer Vater doch nicht haben.

Also nehmt euch in acht Freunde: Als Baumann und Baumann waren wir eine Macht, zu dritt sind wir wahrscheinlich unschlagbar.

Der Feinschmecker und der Meisterkoch

Die Ernährung von Sportlern, jene von Hochleistern zumal, ist längst zur Wissenschaft geworden. Wenn man die einschlägige Literatur liest, kann man sich des Eindrucks nicht erwehren, daß Wohl und Wehe, Sieg oder Niederlage, direkt davon abhängig sind, ob die Glykogenspeicher rechtzeitig mit einer Kombination von Protein und Kohlehydraten (am besten Thunfischbrötchen) aufgefüllt oder der Fettstoffwechsel mit einem angepaßten L-Carnitin-Depot stabilisiert worden sind. Dem setzt Dieter Baumann eine gänzlich unverkrampfte Erkenntnis entgegen, die sich aus dem ländlichen Raum Schwabens speist: A g'sonde Sau frißt alles.

Was hier so derb-rustikal daherkommt, ist in Wahrheit nichts anderes als eine genügsame Lebensart, die nicht unbedingt des Filets vom Charolais-Rind mit Trüffelmantel bedarf, sondern auch mit einfacher Kost zufrieden ist. Linsen mit Spätzle zum Beispiel.

Der leibhaftige Schwabe hat sich diese Philosophie zu Hause angeeignet. Am Herd von Mutter Christa, die er oft vertreten hat, wenn sie im Supermarkt oder bei C & A ein paar Mark für die Familie dazuverdienen mußte. Hier hat der Langstreckenläufer ein Talent entwickelt, das bisher unbekannt war: Er kann kochen. Noch heute rühmen seine Geschwister seine Kässpätzle, die er sich bei Koch-Kumpel Eugen abgeschaut hatte und die zum Festessen wurden, wenn sie mit Weißwein abgeschmeckt wurden. Natürlich durften solche Leckereien nicht zur Gewohnheit in einer Großfamilie werden, deren Oberhaupt sehr genau darauf achtete, daß das Brot, und sei es noch so trocken, bis auf den letzten Krümel aufgegessen wurde.

Aber aus dem wenigen, was da war, eine schmackhafte Mahlzeit zu zaubern, das war dem Hobbykoch eine echte Herausforderung – und davon ist viel geblieben. Wer heute in den Kühlschrank von Isabelle und Dieter Baumann schaut, wird keine Gänseleberpastete und keine in extra virgines Olivenöl eingelegten Trüffel finden. Wer bei ihnen vorbeischaut, wird Spaghetti bekommen, mit einer Soße, die vom heimischen Garten lebt. Tomaten, Basilikum, dazu ein Glas Most, dessen Stoff der Apfelbaum hinterm Haus liefert. Er habe es eben gelernt, mit dem Notwendigsten auszukommen, sagt Dieter Baumann. (Bei aller Bescheidenheit hätte er sicher nichts dagegen, ähnlich wie Steffi Graf als Lukullus aufzutreten. Vielleicht dergestalt: Birkel – meine kochende Leidenschaft.)

Was lag da näher, als für dieses Buch zum Abschluß zwei hervorragende Vereinfacher zusammenzubringen: den köchelnden Autodidakten von der Alb und Vincent Klink, den Schwaben mit Leib und Seele, der in Deutschland zu den zehn besten Küchenmeistern zählt. Auch dieser Klink, dem Stuttgarts Oberbürgermeister Manfred Rommel bescheinigte, eine Mischung aus Bundschuhbauer und römischem Senator zu sein, ist ein Unikum seines Fachs. In seiner hochdekorierten Stuttgarter »Wielandshöhe« wird keine Hummerschlacht geschlagen, der Loup de mer nur selten in Champagner gebadet, stattdessen der edlen Einfachheit gehuldigt. Der 46jährige Zwei-Zentnermann setzt konsequent auf Heimisches, läßt seinen Gerichten den »dezidiert schwäbischen Charakter« und wettert gegen alles, was das Essen zu einem überladenen Kunstprodukt degeneriert. Der Bärlauch, den er selber zieht, steht bei ihm ebenso hoch im Ansehen wie bei seinem Gast Baumann, der solche Kräutlein bei seinen Trainingsläufen sucht.

Wie der eine nicht nur Läufer ist, so beläßt es der andere auch nicht beim Kochen. Klink, das enfant terrible seines Metiers, ist bekannt als heftig publizierender Küchenphilosoph, der in seinen Büchern viele wunderbare Rezepte und seine ganz kulinarische Freundesschar versammelt. Gerhard Polt gehört dazu, Peter Härtling, Peter Rühmkorf und Martin Walser, der ihm einen eigenen Vers widmete:

»Also habe ich gegessen bei Vincent Klink
Von jetzt an werde ich Essen anders messen
Von jetzt an ahne ich beim Essen Geister
Man ißt nicht ungestraft
Bei einem Meister.«

Auch Vincent Klink und Dieter Baumann, die beiden Alltagsphilosophen, haben sich auf Anhieb verstanden. So gut, daß nicht nur ein vergnügliches Gespräch, sondern auch noch ein gemeinsames, weltexklusives Kässpätzlerezept herausgekommen ist. Guten Appetit.

Kässpätzle in Weißwein [1)]

Das traditionelle Rezept stammt noch aus einer Zeit, als in Württemberg die Armut vorherrschte. Man nahm zur Bereitung des Teigs mehr Wasser als Eier. Folgendes Rezept ist unserer Zeit angepaßt, in der es auf ein Ei mehr nicht weiters ankommt. Allerdings sind die Eier heute Industrieprodukte. Es ist naheliegend, daß man sich Bio-Eier besorgt. Die sind zwar mindestens doppelt so teuer, aber auch wohlschmeckender. Geschätzter Mehrpreis: eine Mark fuffzich. Man nehme:

200 g Mehl
2 Ei
3 Eigelb
Eine Prise Salz
80 g Bergkäse, gerieben
1 Zwiebel feingehackt und in Butter gebräunt
2 EL Butter

Nach und nach Eigelbe und ganze Eier einarbeiten, daß ein

sehr fester Teig entsteht. Diesen Teig so lange bearbeiten (das geschieht am besten in einer Rührmaschine) bis er völlig glatt ist.

Den Teig in kleinen Portionen auf ein Spätzlebrett streichen und mit einer Spachtel ins kochende Salzwasser schaben. Mit einem Schaum- oder Drahtlöffel herausnehmen und in kaltes Wasser geben, dann absieben und auf ein trockenes Tuch verteilen.

(Die einfachere Version wären die Allgäuer Knöpfle. Dazu nimmt man mehr ganze Eier, so daß ein dünnflüssigerer Teig entsteht. Man hält ein Sieb über kochendes Salzwasser, schüttet den Teig ins Sieb, und die Tropfen fallen in das kochende Wasser. Sofort mit einer Gabel umrühren, damit sie nicht zusammenkleben.)

Um Kässpätzle zu bereiten, gibt man die Spätzle mit Butter in eine Pfanne und erwärmt sie, ohne daß sie bräunen oder gar krustig anbrennen. Vor dem Anrichten werden die Spätzle mit geriebenem Bergkäse bestreut, durchgeschwenkt und mit den gebräunten Zwiebeln bestreut.

Vollkommen wird das Gericht mit einem Achtel Weißwein, der kurz vor Schluß in die Pfanne gegeben wird. So wird alles glitschiger und rutscht besser den Schlund hinab.

Kommentar Klink: Goldmedaillenverdächtig.

[1] Nicht direkt vor Läufen verspeisen. Es handelt sich um ein schweres Gericht.

Essen als anarchistisches Grundbeben

Baumann: Warum gucken Sie mich eigentlich so komisch an, Herr Klink?

Klink: Sie sehen gar nicht so aus wie mein Bruder.

Baumann: Was Sie nicht sagen.

Klink: Mein Bruder ist ein völlig verrückter Marathoner. Ausgemergelt, eingefallene Backen, gelbliche Gesichtsfarbe, tiefe Augenhöhlen. Alles höchst ungesund.

Baumann: Sie werden's nicht glauben. Ich bin ein Genußmensch. Ich esse alles, es muß nur schmecken. Und wenn es besonders gut ist, fresse ich wie ein Scheunendrescher.

Klink: Ja, Sie sind nicht ausgefressen. Ich würde Sie eher für einen Bergsteiger halten. So würde ich auch gerne aussehen.

Baumann: Wenn ich mehr Krafttraining machen würde, hätte ich ein Kreuz wie Arnold Schwarzenegger.

Klink: Ich habe immer gedacht, je leichter ein Läufer ist, um so schneller kann er wetzen (1).

Baumann: Die Bleistifte vorne, die Radiergummis hinten – den alten Spruch kenne ich. Das erzählen die sogenannten Experten gerne. Irgendeiner hat mal ausgerechnet, daß ein Kilo weniger fünf Sekunden bringt auf einen Kilometer. Das ist Blödsinn. Vielleicht fängt ja einer mal zu fliegen an. Die Folge ist, daß die Leute immer weniger essen und magersüchtig werden. Ich kenne einen deutschen Läufer, der würde sich am liebsten nur von Nutella ernähren.

Klink: Schreckliche Vorstellung. Sagen Sie ihm, er soll mal eine richtige Schwarzwurst reindrücken. Das powert. Das ganze Kunstfutter ist doch von Übel. Nehmen wir einmal an, ich habe Lust auf Hühnersuppe. Dann bereitet sich der Körper schon darauf vor, das Wasser läuft einem im Mund zusammen, und jetzt kriegt der Bauch eine Päcklessuppe (2) mit vier Gramm Trockenhuhn drin. Das gibt automatisch einen sauren Magen.

Baumann: Ist aber ein großes Geschäft.

Klink: Ein Milliardengeschäft und ein Milliardenbeschiß. Das ist organisierte Naturverhunzung.

Baumann: Ich halte es eher mit Kässpätzle.

Klink: Sehr gut, sehr sättigend. Aber passen Sie auf, daß Sie den richtigen Käse dazu nehmen. Kein Leerdammer oder so einen bescheuerten Lindenberger. Ein Granatenscheiß. Das sind alles vergrotene (3) Fabrikkäse, die keine richtigen Blasen geworfen haben. Bei denen ist die Gärung schiefgelaufen. Sie werden mit Schmelzsalzen wieder aufgeweicht und zusammengerührt wie Kartoffelbrei. Alles Trickserei.

Baumann: Ich nehme immer Bergkäse.

Klink: Gute Idee. Der ist einer der wertvollsten und sehr würzig. Er wird natürlich gemacht, lange gelagert und verbäbbt (4) nicht. Man könnte auch an Schweizer Gruyezer denken. Wichtig ist nur, daß es ein natürlicher Käse ist und kein Industrieprodukt. Mit Lindenberger kriegen Sie Gummispätzle, die keine Fäden ziehen, und wie ein Bollen (5) im Bauch rumliegen. Gerade für

Leistungssportler ist es ein Riesenunterschied, ob sie Bergkäse verwenden oder einen Philadelphia-Kruscht runterwürgen. Die Menge wird zwar ausgeschieden, aber die Schadstoffe bleiben drin.

Baumann: Was halten Sie davon, die Kässpätzle mit Weißwein abzuschmecken?

Klink: Das ist neu und klingt verdammt gut. Aber passen Sie auf, daß Sie den Wein erst kurz vor dem Servieren dazugeben, sonst werden die Kässpätzle zu Matsch. Auch der Käs' darf erst zum Schluß dazu. Er kann hart werden, wenn er über 100 Grad erhitzt wird. Wenn das alles klappt, ist es ein fantastisches Essen. Warum bin ich eigentlich nicht selber auf die Idee gekommen? Ich glaube, ich setze es auf meine Speisekarte.

Baumann: Maître Klink, zum Ausgleich helfen Sie mir bei meinen Saucenproblemen. Wie kriege ich eine hin, die auch ohne Sahne schmeckt?

Meisterkoch Vincent Klink und sein Gast: »Haxe, Schnaps, Bier, Käse, in der Reihenfolge«. (Foto: Jo Röttgers)

Klink: Die Sahne macht's überhaupt nicht. Im Gegenteil. Sie ebnet ein, verdeckt Fehler, der pure Geschmack leidet darunter. Außerdem: Wer sagt denn, daß der Schwabe immer in Sauce schwimmen muß. Bei mir gibt's pro Person anderthalb bis zwei Eßlöffel. Das reicht für Spätzle. Diese Saucenschwemme kennen wir erst, seitdem sich die Firma Knorr in Heilbronn angesiedelt hat.

Baumann: Ich gestehe, ich hab's mal mit Schmelzkäse als Sahneersatz probiert.

Klink: Das kommt mir ziemlich pervers vor. Wenn Sie sparsam mit Fett umgehen wollen, dann wäre Milchpulver noch besser. Lassen Sie die Sahne doch einfach weg, dann ist der Kittel geflickt. Schauen Sie nach Italien. Dort kennt man keine Rahmsaucen. Tortellini in Sahnesauce, das ist eingedeutschter Mist.

Baumann: Maggi und Brühwürfel verbieten Sie auch. Was rät mir der Meister?

Klink: Da muß ich passen, weil es mein einziges Geheimnis ist, das ich öffentlich nicht preisgeben kann. Ich bin der einzige Koch in Deutschland, der damit arbeitet. Wenn Sie's nicht verraten, zeige ich es Ihnen nachher in der Küche. Es stammt aus dem Meer, wie wir Menschen auch. Ich kann den Bauch des Menschen nicht mit Chemie vollschütten. Unser Magen ist etwas sehr Altmodisches. Deshalb rate ich Ihnen grundsätzlich, kaufen Sie nur Bio-Kost.

Baumann: Ich kaufe nicht nur im Bio-Laden, weil mir nicht ins Hirn will, warum ich für Gelbe Rüben das Dreifache bezahlen soll. Da bricht der Schwabe in mir durch. Die Schwermetalle regnen da genauso drauf.

Klink: So einfach ist das nicht. Ob eine Gelbe Rübe 20 oder 60 Pfennig kostet – das bringt einen Baumann nicht um. Es ist ein Riesenunterschied, ob sie mit Kunstdünger hochgejagt oder mit Kompost und Kuhmist gezogen worden ist. Der Geschmack ist intensiver, außerdem sind kaum meßbare Bestandteile wie Spurenelemente für einen Sportler wichtig. Dasselbe gilt für Salate, die oft natriumverseucht sind. Ein Sportler muß die Schadstoffe niedrig halten. Beim Normalbürger, der seine Hamburger einpfeift, ist das nicht so tragisch.

Baumann: Sie haben gut reden. Was mache ich, wenn ich in Hotels Gemüse essen muß, das so schlapp in den Aufwärmschüsseln liegt, als hätte es nie Erde gesehen?

Klink: Ich nehme auf meine Bergtouren immer einen kleinen Gasbrenner, ein paar Kräutlein und eine biologische Pilzpaste mit. Dazu Wasser aus einem Bächle – eine wunderbare Suppe.

Baumann: Wunderbar, das Bergbächle am Berliner Olympiastadion.

Klink: Ich gestehe, ich habe auch ein Päckle Miracoli dabei.

Baumann: Schau an, der Naturapostel. Vielleicht sollte ich meine Schnitzermühle einpacken. Den Tip habe ich von unserem Physiotherapeuten Jürgen Melzer. Der hat gesagt: Wenn ihr schon den ganzen Tag Schrott essen müßt, dann sorgt wenigstens dafür, daß ihr einmal am Tag etwas Ordentliches kriegt. Handgemahlene Körner in der Schnitzermühle und daraus mit Obst ein Müsli gezaubert, das ist für mich zu Hause zum Ritual geworden. Ich hab' nur nicht kapiert, warum das Mahlwerk aus Stein sein muß.

Klink: Wenn es aus Metall ist, dann schneidet es die Körner. Stein zerquetscht sie, und damit schließen sich die Körner im Magen besser auf.

Baumann: Andererseits erlebe ich die amerikanischen Sprinter, die hauen sich die Hamburger rein und sind trotzdem Weltklasse. Die sind kaum im Hotel, schon ziehen sie zum nächsten Mc Donald's los, und am nächsten Tag sind die Gänge mit Fastfood-Verpackungen übersät.

Klink: Millionen Menschen werden mit schlechtem Essen steinalt. Wie war es denn bei uns? Bevor es Nudeln, Kartoffeln und den ganzen Vitamin-Quatsch gegeben hat, der nur der Nahrungsmittelindustrie hilft, haben die Bauern auf der Alb ihr Mus gefressen. Geschrotete Körner, in der Pfanne geröstet, Wasser dazu und aufgekocht. Das war alles. Und die Kerle sind auch nicht eingegangen. Das gleiche gilt für Hamburger. Die sind auch nicht giftig, aber Gift für die Eßkultur. In den USA heißt es halt, Augen zu und durch. Nur, wenn das zum Allgemeingut wird, dann kommt es zu Entgleisungen. Nirgendwo gibt es solche deformierten Körper wie in Amerika und einen übertriebenen Körperkult als Gegenbewegung.

Baumann: Nirgendwo ist die Walkingwelle so verbreitet wie in den USA. Die Leuten sind schon zu fett zum Laufen, deshalb müssen sie walken. In jedem Stadion siehst du sie in der Mittagszeit ihre Runden walken und ihre Zeiten stoppen. Danach denken sie, sie hätten etwas für ihre Linie getan.

Klink: Im New Yorker Central Park kannst du nicht mehr spazierengehen. Da bist du ein echtes Hindernis.

Baumann: Ja, da mußt du dich einreihen. Auf einer Spur rasen die Radfahrer, auf der anderen die Rollerskater, und auf der dritten toben die Läufer. Wenn du auf der falschen Spur bist, wirst du überrollt.

Klink: Das ist eben die Reaktion auf Hamburger und Coca-Cola.

Baumann: Für mich hat essen auch etwas Soziales und Kommunikatives. Ich kann nicht etwas auf die Schnelle im Stehen runterwürgen. Die Amis gucken uns immer ganz entgeistert an, wenn wir im Trainingslager ständig kochen. Spätestens am dritten Abend fragen sie uns, ob wir noch ganz knusper sind. Sie kaufen sich im Supermarkt ihre Pizza, rein in die Mikrowelle, fertig.

Klink: Dadurch verlieren sie keine Zeit, wenn sie ihre soap operas gucken müssen. Aber dadurch geht die soziale Komponente verloren. Der Eßtisch ist ein Schmelztopf von Gefühlen, die man über die Teller hinweg austauscht. Schwupp die Pizza rein und vor der Glotze mampfen, da findet auch kein Gespräch mehr statt.

Baumann: Bei uns in Blaubeuren war die Küche der zentrale Ort. Dort wurde gekocht, gegessen, gequatscht. Das war Familie, das war Heimat. Die Wohnstube war für sonntags oder Besuch.

Klink: Glück gehabt. Heute haben die Architekten diesen Ort zum Küchenklo verkommen lassen. Sie müssen ja schon froh sein, wenn sie nicht um einen Klapptisch herumhängen müssen.

Baumann: Auch bei meinem Schwiegervater Otto Hozang in Wien spielt sich alles in der Küche ab. Er zelebriert sein Essen.

Klink: Die Österreicher sind Gourmets, bei ihnen gehört gutes Essen zur Lebensqualität. In der k.u.k.-Monarchie hat sich eine Kochkultur entwickelt, da können wir Deutsche einpacken. Übrigens: Die Kässpätzle stammen aus der Zeit.

Baumann: Was heißt Küche für Sie?

Klink: Sie ist der Mittelpunkt meiner Wirtschaft, und meine Wirtschaft ist mein Wohnraum. Hier bin ich 14 Stunden am Tag, und deshalb muß ich mich hier wohlfühlen. Hier vergeht die Zeit wie im Flug. Ich verstehe deshalb auch nicht, warum die Leute immer kürzer arbeiten wollen, anstatt lustiger länger zu schaffen. Sie malochen doch in 35 Stunden genauso viel wie früher in 48, und dann kommen sie nach Hause und sind dumm im Kopf.

Baumann: Isabelle und ich sitzen auch noch nachts um zehn im Büro, und es fällt uns gar nicht auf, daß es schon spät geworden ist.

Klink: Die Leute fragen unsereins dann nur, ha, wenn's so viel Spaß macht, warum verlangen Sie dann noch Geld dafür?

Baumann: Wenn ich über die Alb laufe und an einem Bäuerle vorbeikomme, das gerade Holz hackt, kriege ich regelmäßig zu hören: Ha, Kerle, du tät'sch mir au besser helfe, als in d'r Gegend romzuspringa.

Klink: Für sie ist Sport Luxus. Die buddeln stattdessen ihren Garten um oder misten den Stall aus. Die brauchen auch meine Küche nicht. Das ist alles Luxus. Schade drum.

Baumann: Aber ich unterhalte die Leute doch. Für zwei

Stunden vergessen sie, daß Daimler 10 000 Beschäftigte entlassen hat. Das löst die Probleme nicht, aber wenigstens geht es ihnen in dieser Zeit gut.

Klink: Man darf das nicht zu gering schätzen. Sie spenden Freude. Ich erinnere mich genau an Ihren Lauf in Barcelona. Meine Köche waren ganz aus dem Häusle. Seitdem muß ich nur aufpassen, daß ihre Sportbegeisterung nicht zu weit geht. Sportliche Köche salzen zu stark.

Baumann: Ich dachte immer, das machen nur verliebte.

Klink: Das ist ein ganz schlichter Mechanismus: Wer sich heftig bewegt, auf welche Art auch immer, der schwitzt und verliert Salz. Einem joggenden Koch, der diesen Verlust wieder ausgleichen will, kann dabei leicht das Salzfaß ausrutschen.

Baumann: Wir liefern beide also Luxus ab?

Klink: Ich habe auch schon italienische Bauarbeiter eingeladen, die bei mir gegenüber geschafft haben. Sie hätten mal sehen sollen, mit welcher Lust die mein Geschnetzeltes gegessen haben. Die Superreichen haben ihre eigenen Köche. Wenn man sich alles leisten kann, ist das ein ziemlich langweiliger Zustand. Spannend wird es erst, wenn man richtig hin- und hergebeutelt wird. Einmal Perlhuhn speisen, das andere Mal Schwarzwurst verputzen. Die Franzosen zum Beispiel füllen weniger Super in ihre Blechkisten als in ihre Bäuche. Oder sich richtig vollfressen, bis man Sterne sieht. Ein anarchistisches Grundbeben gehört zum seelischen Wohlbefinden.

Baumann: Dann machen Sie das wohl öfters.

Klink: Wenn Sie damit auf meine 100 Kilo Lebendgewicht anspielen, dann bitte ich zu bedenken: Ich bin zwar dick, aber nicht schwammig. Ich habe einen harten Speck und eine gute Kondition. Für den Bernina hat's immer gereicht, auch wenn ich wie der Santa Fe-Expreß hochgeschnauft bin. Ich habe da nur ein Problem: Wenn ich mit meinem Motorrädle anreise, habe ich immer Krämpfe in den Füßen (6).

Baumann: Werfen Sie Magnesiumtabletten ein, bevor Sie auf den Bock steigen. Das hilft. Das ist die einzige Chemie, die ich auch brauche, weil ich über Lebensmittel nicht genug Magnesium kriege. Ein bißchen mehr Sport könnte aber auch nicht schaden.

Klink: Täuschen Sie sich nicht. Wenn ich ein Schwabbelsack wäre, hätte ich zum Beispiel den letzten Besuch bei meinem Freund Gerhard Polt nicht überstanden. Dort habe ich es auf 15 Halbe und etliche Schweinshaxen gebracht. Haxe, Schnaps, Bier, Käse, in der Reihenfolge.

Baumann: 15 Halbe, das ist ja tierisch.

Klink: Die Bayern werden sogar alt dabei, und Schäden an den Nieren gibt's auch selten. Die werden gut durchgespült. Sie schlucken wohl das ganze Iso-Gebräu.

Baumann: Falsch geraten. Apfelsaft aus eigener Herstellung. Beim Bier fürchte ich nur die verheerenden Folgen. Wenn ich drei Halbe trinke, weiß ich genau, daß mich das Training am nächsten Tag ankotzt. Und warum soll ich mir den Spaß am Training nehmen?

Klink: Das ist bei mir auch nicht die Regel. Normalerweise trinke ich zwei kleine Bier am Abend, sonst würde ich mein Arbeitspensum gar nicht packen. Morgens um sechs raus, bis um elf auf den Beinen, das geht nicht ohne Fitneß. Wenn man sich da plagen muß, bringt man keine Leistung.

Baumann: Schläft der Meister auch?

Klink: Selbstverständlich. Es ist eine schlimme Barbarei, sich nach dem Essen nicht wenigstens eine halbe Stunde aufs Ohr zu hauen. Das hat uns der Amerikanismus gebracht. Surren wie ein Elektromotor. Durchmalochen, damit man möglichst schnell Feierabend hat. Schon die Steinzeitmenschen haben sich locker in ihre Höhlen geschmissen, wenn sie ihre Wildschweine verputzt haben.

Baumann: Ich bin mir sicher, wenn Daimler eine Siesta einführen würde, wären die Leute produktiver. Offensichtlich haben wir es nicht gelernt, zur rechten Zeit Gas und Ruhe zu geben.

Klink: Bei aller Ruhe – Sie rasten wohl nie aus, weil Ihr Körper die Firma ist?

Baumann: Hätte ich nach Barcelona auf den Putz hauen müssen? Ach was, ins Bett bin ich gegangen. Hätte ich in Helsinki ausrasten müssen, nur weil ich Europameister geworden bin? Dort war mir klar, daß ich gewinne. Was danach kommt, ist eine innere Freude, eine Bestätigung dafür, daß ich alles richtig gemacht habe. Muß ich mich deshalb vollaufen lassen? Wenn schon Ausrutscher, dann bitte ungeplant. Und die gibt es dann, wenn du irgendwann am Abend merkst, auweia, der nimmt ein böses Ende. Oder lassen Sie zu jedem Stern, der auf sie herunterfällt, Champagner-Korken knallen?

Klink: Warum sollte ich feiern, wenn ich im 19. Jahr den

Michelin-Stern kriege. Das wäre ja richtig amateurhaft, als ob's ein Zufall wäre. Man weiß halt, wo man steht.

Baumann: Na, sehen Sie. Sie kaufen einen Superrehbraten und wissen, daß er fantastisch schmeckt. Ich weiß nach 100 Metern, ob es ein gutes oder schlechtes Rennen wird. Warum also ausflippen?

Klink: Ich habe sogar schon Rezepte veröffentlicht, die ich nie selber gekocht habe, die aber perfekt funktionieren. Ich gebe sie in Druck und bekomme begeisterte Zuschriften. Und die Hobbyköche glauben dann, ist ja alles ganz easy, kann ich auch.

Baumann: Das höre ich auch immer wieder: ha, Baumann, du setzt auch nur einen Fuß vor den andern. Aber bei aller Gemeinsamkeit, Maître Klink, einen Unterschied gibt es zwischen uns beiden. Sie behaupten, zuerst sei das Kochen gewesen. Sonst würden wir heute noch der Sau auf den Kopf hauen und das rohe Fleisch von den Knochen reißen. Falsch: Zuerst war das Laufen, sonst hätten Sie die Sau nie gekriegt.

Klink: Kein Widerspruch.

Baumann: Und wissen Sie, warum wir Läufer im Ziel die Arme nach oben reißen, wenn wir gewonnen haben? Wir heben symbolisch die Wildsau hoch, um sie vorneweg mit der frohen Botschaft ins Dorf zu tragen: Leute, wir haben wieder etwas zu essen. Erst jetzt sind Sie dran, Koch.

Klink: Das ist Kultur. Der eine ist so behende, daß er die Wildsau schnappen kann, der andere macht daraus ein leckeres Mahl. Komm Baumann, laß uns endlich essen.

Schwäbisch für: (1) rennen, (2) Fertigsuppe in der

Packung, (3) mißraten, (4) verklebt, (5) Klumpen, (6) Beine.

Chronik

1965, 9. Februar: Geburt in Blaustein
1981: Erstes 3000 m-Rennen
1981–86: Mitglied der LG Alb/Donau
1983–84: Lehre als Fotolaborant
1983: Deutscher Jugendmeister über 3000 m
1984–85: Deutscher Juniorenmeister über 5000 m
1985–89: Bundeswehr, Sportförderungsgruppe Böblingen
1986: Deutscher Meister über 5000 m
1987–89: Deutscher Meister über 1500 m
1988, 1991, 1992, 1994: Deutscher Meister über 5000 m
1988: Olympiazweiter in Seoul über 5000 m (13:15,52 min.)
Leichtathlet des Jahres
1989: Hallen-Europameister über 3000 m
Dritter bei der Hallen-WM über 3000 m
Deutscher Hallenrekord über 1500 m in 3:36,97 min.
1990: Athletensprecher des Deutschen Leichtathletikverbandes
1991: Europäische Jahresbestzeit über 3000 m in 7:33,10 min.
Bester Europäer bei der WM in Tokio als Vierter über 5000 m
Wechsel zu Bayer Leverkusen
1992: Deutscher Rekord über 5000 m in 13:09,03 min.
Olympiasieg in Barcelona
Heirat mit Isabelle Hozang
Sportler des Jahres
1993: Verzicht auf die WM in Stuttgart
1994: Europameister über 5000 m
Deutscher Meister über 5000 und 10 000 m
1995: Hallen-Europarekord über 3000 m in 7:37,52 min

Anhang an die Chronik

Josef-Otto Freudenreich, 1950 im oberschwäbischen Bad Waldsee geboren, ist gelernter Soziologe, Journalist bei der »Stuttgarter Zeitung« und Träger des Theodor-Wolff- und Wächterpreises.

Carlo Thränhardt
Helden auf Zeit

Gespräche mit Olympiasiegern

Für dieses Buch über die Welt des Hochleistungssports ist der ehemalige Hochsprungweltrekordler Carlo Thränhardt auf die andere Seite des Mikrophons gewechselt. Mit zehn bekannten deutschen Spitzensportlern, die alle einmal olympisches Gold gewonnen haben, hat er lange Gespräche über ihre Karriere, ihre Sportart, über ihren Olympiasieg, über das Leben in den luftigen Höhen des Leistungssports geführt.

Wie sieht es hinter den Kulissen aus? Welches sind die Antriebskräfte, die einen Sportler dazu bringen, einen Großteil seines Privat- und Berufslebens zu opfern? Welche Rolle spielen die Sponsoren und das Geld? Wie weit ging der politische Auftrag bei den Sportlern aus der ehemaligen DDR? Wie hat Doping die Szene verändert? Was kommt nach dem Sport?

Die zehn Porträts von Sportlern – solchen, die noch aktiv sind und anderen, die zurückblicken – zeigen die extremen Unterschiede zwischen den Sportarten und die berauschenden, die alltäglichen und auch die deprimierenden Seiten professionellen Sportlerlebens heute.

Kiepenheuer & Witsch

Sandra Faulkner/Judy Nelson
Love Match

Judy Nelson und Martina Navratilova
Mit einem Vorwort von Rita Mae Brown

Titel der Originalausgabe: *Love Match*
Aus dem Amerikanischen von Titus Kreyenberg
Mit zahlreichen Abbildungen

KiWi 356
Originalausgabe

Love Match ist die ungewöhnliche Liebesgeschichte zweier Frauen – Judy Nelson und Martina Navratilova – in der privaten und öffentlichen Welt des großen Tennis, von den glücklichen Anfängen bis zum bitteren Ende.

KiWi Paperbackreihe bei Kiepenheuer & Witsch

Christoph Biermann
Wenn du am Spieltag beerdigt wirst, kann ich leider nicht kommen
Die Welt der Fußballfans

KiWi 383
Originalausgabe

Christoph Biermann, selbst bekennender Fan eines Bundesligavereins, ist der geheimnisvollen Faszination nachgegangen, die der Fußball für ihn selbst und den harten Kern der Fußballfans besitzt.

Ein Buch rund um die neue Fußballbegeisterung

KiWi Paperbackreihe bei Kiepenheuer & Witsch

Udo Pollmer/Andrea Fock/
Karin Haug
Prost Mahlzeit!

Krank durch gesunde Ernährung

Mit zahlreichen Grafiken und Tabellen
Broschur

Je mehr Diäten, desto mehr Eßgestörte, je mehr Margarine aufs Brötchen kommt, desto mehr Herzinfarkte, je mehr Jodsalz unters Volk gestreut wird, desto mehr Schilddrüsenkranke? Es ist an der Zeit, unsere Ernährungstheorien zu überprüfen und unser Eßverhalten in Verbindung zu bringen mit einer natürlichen Wechselwirkung von Umwelt und Körper.